그 누구보다 최선을 다해 살아가는

_____ 님께

존경과 감사의 마음을 담아 이 책을 드립니다.

대한민국 남자 리포트

대한민국 남자 리포트
나의 아버지가, 아버지인 나에게, 아버지가 될 너에게 하는 이야기

초판 1쇄 발행 2024년 11월 22일

지은이 김태훈
펴낸곳 드림위드에스
출판등록 제2021-000017호

교정 서은지
편집 양수미, 김일권
검수 서은지
마케팅 위드에스마케팅

주소 서울특별시 강남구 학동로 165, 2층 (신사동)
이메일 dreamwithessmarketing@gmail.com
홈페이지 www.bookpublishingwithess.com

ISBN 979-11-92338-68-2(03810)
값 14,000원

- 이 책의 판권은 지은이에게 있습니다.
- 이 책 내용의 전부 또는 일부를 재사용하려면 반드시 지은이의 서면 동의를 받아야 합니다.
- 잘못된 책은 구입하신 곳에서 바꾸어 드립니다.

아버지의 삶, 그 삶이 내게 주었던 수많은 가르침에 대한 이야기

대한민국 남자 리포트

**나의 아버지가
아버지인 나에게
아버지가 될 너에게 하는 이야기**

김태훈 지음

작은 소년이었고, 철없는 아들이었으며, 이제는 누군가의 버팀목으로 자란
당신에게 작은 위로와 격려를 보낸다

목차

프롤로그   **8**

1 남자로 태어났다는 것

너는 남자다워야 한다   **14**
커피 식기도 전에 원샷 때리는 사나이?   **25**
호연지기의 정신   **29**
그녀가 원했던 그, 그가 원했던 그녀   **37**
사나이도 가끔은 약해질 수 있다   **52**

2 남자로 살아간다는 것

그래도 국방부 시계는 돌아간다	**64**
청춘을 바쳐야 할 곳은 군대뿐이 아니다	**80**
창업과 첫 직장 생활	**92**
포기를 배우기, 타협과 친해지기	**106**
세상에 지지 말라	**115**

3 남자로 완성된다는 것

눈에 넣어도 안 아픈 내 자식들	**128**
여우 같은 남편, 곰 같은 남편	**136**
우리는 우리의 아버지를 기억하는가	**149**
이 세상 모든 아버지, 그리고 아버지가 될 이들	**159**
남자가 남자에게	**173**

에필로그   **187**

프롤로그

아들을 위한, 그리고 아버지를 위한 책

나 혼자 기록하려고 한 낙서가 결국 여기까지 와 버렸다.
괜한 얘기를 꺼내 분쟁을 만들진 않을까 고심했지만, 용기 내 보기로 했다.

어떻게 살아갈 것인가, 하는 건 살아가는 이의 끝없는 숙제다. 나의 아버지, 나의 아들 모두 각자의 방식으로 고뇌한다. 나 또한 숙제에 대한 답변을 찾기 위해, 소중한 사람들에게 애정과 관심을 가지려고 노력한다. 그들과 소통하고 희로애락을 공유하며 어떻게 살아갈 것인가에 대해 끊임없이 고민한다. 나처럼 고민하는 독자들에게 이 책을 건넴으로써 다음 세 가지를 보여 주고 싶다.

우선은 한국에서 남자가 살아가는 삶을 보여 주려 했다. 근대 들어 남성과 여성의 차별이 과거보다 많이 줄어들었다. 그러나 다른 성별로 살아가는 방식의 차이는 분명 존재할 것이다. 남자들은 이 책을 통해 남자로 살아가는 삶의 고충에 대해 생각해 볼 수 있는 계기를 갖게 되었으면 좋겠다. 여자들은 남자들의 이러한 고충을 이해해 서로를 더 잘 알 수 있는 계기가 되었으면 하고 바란다. 모두에게 조언과 위로가 되기를 바랄 뿐이다.

다음은 남자가 겪는 유년 시절의 경험에서부터 군에 입대하고, 직장을 꾸리고, 가정을 이뤄, 노년이 되기까지의 과정을 보여 주고 싶었다. 자서전이 '개인의 소소한 체험과 소박한 성찰'을 드러내는 데 그치고 있는 단점을 보완하려 다양한 주제의 목차를 만들었다. 책을 읽는 이들이 각자의 연령대에 맞춰 흥미롭게 읽을 수 있으면 좋겠다.

또한, 이 책을 쓰기로 결심한 것은 아버지에 대한 존경과 감사, 그리고 나 자신과 같은 세상 모든 아버지에게 작은 위로와 격려를 보내고 싶었기 때문이다. 우리는 종종 아버지라는 존재를 너무 익숙하게 여기고, 그들이 우리에게 준 것들에 대해 충분히 인식하지 못한 채 살아간다.

아버지는 묵묵히 가족을 위해 애쓰고, 가정의 버팀목이 되어 주는 존재이다. 그들의 삶 속에서 우리는 많은 것을 배우고, 그들이 쌓아 온 경험 속에서 인생의 방향을 찾는다. 이 책은 아버지의 삶과, 그 삶이 내게 주었던 수많은 가르침에 대한 이야기이다.

나는 나의 아버지를 통해 남자로서의 삶을 배웠고, 그로 인해 형성된 가치관은 지금의 나를 만들어 주었다. 아버지와의 추억 속에서 얻은 교훈들이 여러분의 삶에도 작은 힘이 되기를 바란다.

마지막으로 한국 남자가 보편적으로 겪는 고민과 고충에 대한 내 나름의 조언을 그대로 드러냈다. 읽는 이에 따라 투박하고 유치하게 느껴질 수도 있지만, 세상에 꼭 전하고 싶은 말이었다. 주변 지인들의 주목할 만한 일련의 사건들도 함께 첨부했다.

> "예전을 추억하지 못하는 사람은 그의 생애가 찬란하였다 하더라도 감추어 둔 보물의 세목과 장소를 잊어버린 사람과 같다. 그리고 기계와 같이 하루하루를 살아온 사람은 그가 팔순을 살았다 하더라도 단명한 사람이다. 우리가 제한된 생리적 수명을 가지고 오래 살고 부유하게 사는 방법은 아름다운 인연을 많이 맺으며 나날이 적고 착한 일을 하고, 때로 살아온 자기 과거를 다시 사는 데 있는가 한다."

수필가 피천득의 『장수(長壽)』라는 수필의 대목이다. 과거를 역력히 회상할 수 있는 사람은 참으로 장수를 하는 사람이라는 의견에 동의한다. 살아온 과거를 다시 사는 사람은 지나온 일을 되돌아볼 줄 알고, 더 나은 미래로 나아가는 용기를 지니고 있다는 뜻이기도 했다. 말하자면 이 책은 한국에서 한평생을 살아왔던 나의 아버지의 경험 모음집이자 내가 겪은 한국 남자의 일생을 설명한 해설서이다. 내가 겪은, 나의 아버지가 겪은, 나의 지인이 겪은 사건도 체험할 수 있고, 그 사건이 벌어질 당시의 시대상을 떠올리는 재미도 있으리라 자부한다. 그 시절을 경험해 보지 못한 젊은이들에게는 낯선 이야기일 수도 있지만, 이 책으로 과거에 삶을 살아갔던 자신 아버지의 모습을 짚어 볼 좋은 기회가 될 것이다.

책을 쓰는 데 도움을 준 내 가족을 비롯한 많은 사람에게 감사의 인사를 전한다. 이 책이 삶의 지침서가 되기보단 다양한 이야기가 박제된 사진첩 정도로 기억되면 더없이 기쁠 것이다. 아버지의 일생을 작성하는 데에 그치지 않고, 범위를 확장해 좀 더 많은 이들이 공감하는 '남자의 삶'에 초점을 맞췄다. 부디 가벼운 마음으로 페이지를 넘겨 주길 바란다.

1
남자로
태어났다는 것

대 한 민 국   남 자   리 포 트

너는 남자다워야 한다

(1) 남자는 태어나 세 번만 운다

언제나 멋있는 사람이 되고 싶었다. 멋이 '무엇'의 준말이라는 비유는 참으로 기막혔다. 정확히 말하자면 나는 '무엇'이 있는 사람이 되고 싶었다. 어릴 적부터 그랬다.

남자로 태어났다는 것은 어떤 의미일까? 우리는 종종 사회적 기대에 맞춰 강인하고 결단력 있는 모습을 보여야 한다는 압박감을 느낀다. 어릴 적, 아버지는 나에게 "너는 남자다워야 한다"라는 말을 자주 하셨다. 그 말 속에는 아버지의 바람과 기대, 그리고 남자로서의 역할에 대한 가르침이 담겨 있었다.

남자는 5살 정도만 되어도 본인 속에 있는 남성성을 파악하고 그것을 실현하려는 모습을 보이기 시작한다는 옛 기사를 읽은 기억이 있다. 그것은 TV와 같은 미디어 매체, 가정에서 드러나는 가장들의 모습, 그들을 대하는 여성들의 태도, 교육기관 등 자라나면서 접하는 다양한 매체들 속에 남성성을 표현하라는 강요가 넌지시 표시되어 있기 때문은 아닐까.

"여자한테 맞고 들어온 거야? 네가 남자야?"
"씩씩하게 행동해라. 울지 말고."
"남자는 부엌에 들어가는 게 아니다."

이런 말들은 남자에게 너무나도 익숙해진 문장이다. 나를 포함한 많은 남자가 비슷한 얘기를 들었거나, 조카나 자식에게 한 적이 있을 것이다. 나 또한 이런 문장을 흔하게 접하며 자라 왔다. 70년대 중후반부터 90년대 초반까지만 해도 결혼 상대로 강하고, 박력 있는 남자가 당연시되는 분위기였다. 문제는 이러한 강압적인 남성성이 종국에는 남자들에게 무력감과 수치심을 느끼게 한다는 것이다. 열등감에 나의 본 모습을 감추게 되고, 허위적인 남성성을 피력하기에만 급급해, 본인이 가진 고유한 장점이나 특기를 살리지 못한다는 문제가 있다.

(2) 눈을 절대 감지 마라

지금은 생각하기도 어렵지만, 80년대 우리나라에서 복싱의 인기는 상상을 초월했다. 선수들이 삐쩍 마른 몸을 갖고도 타국의 선수들에게 주눅 들지 않고 주먹을 휘두르는 모습은 관중을 환호하게 했다. 둘째 동생은 유독 복싱을 좋아했다. 라디오에서 시합 종료 방송이 나오면 셋째와 나를 마당 앞으로 불러 주먹을 내 보라고 부추겼다. 우리가 주먹을 내지르면 둘째는 동그란 원 안에서 휙휙 우리의 주먹을 모조리 피해 냈다. 도대체 주먹을 어떻게 피하냐고 물으면,

> 둘째는 무서워도 눈을 감지 말아야 한다고 대답했다.

복싱을 사랑했던 둘째는 집 안에 샌드백을 설치하고, 매일 본인이 페더급 챔피언이라도 된 양 땀을 흘리곤 했다. 실제로도 동네에서는 나름 강자 소리를 들으며 지냈던 것이 둘째였다. 둘째의 가장 큰 무기는 번개처럼 빠른 발재간과 빠르고 강력한 훅이었다. 한번은 본인의 여자 친구에게 추파를 던지는 동네 건달들과 시비가 붙었는데, 상대가 여럿이었음에도 모두 때려눕히고 돌아오기도 했었다.(옷에 피가 묻어 있길래 놀란 마음에 어디 다쳤냐고 물어보니, '내 피는 하나도 없어' 하면서 의기양양했던 모습이 기억난다.) 태권도 대회에서 본인보다 훨씬 큰 상대에게 발이 안 닿자 주먹으로 몸통만 후려쳐 승리할 만큼 깡이 세기도 했다.

30년 만에 같은 장소에서 찍은 아버지와 아들 셋 사진. 아버지가 너무나 작아진 모습에 가슴이 뭉클하다.

 물론 그 시절의 '운동'에는 어딜 가나 구타와 폭행이 뒤따랐다. 우리 삼 형제 모두 운동선수 생활을 했고, 나도 잠깐이지만 운동선수 생활에 몸담았기에 그 안의 분위기와 부조리를 조금이나마 안다. 남자들의 체육관과 운동부란 남자 중의 남자만 모이는 곳이었다. 군대보다 더한 구타와 폭행, 폭언이 없다면 거짓말이었다. 그들은 그것을 견뎌 내는 것도 훈련의 일종이라고 생각하는 것이 분명했을 것이다.

나도 마찬가지였다. 선배들은 하루에도 몇 번씩 트집을 잡아 후배들을 집합시켰다. 일렬로 쭉 세워 놓고 오른쪽부터 쾅쾅 주먹으로 가슴을 내려쳤다. 폭력과 폭언은 어디에도 있었고, 그것을 견뎌 내야만 남자들의 무리에 속할 수 있었다. 그것은 끊임없이 대물림되었고, 지적하는 사람은 없었다. 그것을 폭로하고 지적하는 것 자체가 터부시되었던 시절이었다.

둘째는 전형적인 '외강내유'의 사나이였다. 겉으로는 강하지만 속은 한없이 부드러웠고, 정이 많은 사람이었다. 그러나 그것을 들키고 싶어 하지 않았다. 그저 강한 남자로 기억되기를 바랐다. 하지만 이런 남성성은 반드시 본인이 가진 본성과 충돌하기 마련이다. 슬픈 영화를 볼 때 유독 눈물을 참는 사람들을 본 적이 있는가? 스스로의 감정, 느끼는 슬픔, 본인의 감정을 표현할 줄 안다는 것은 중요하다. 영화를 볼 때 '남자답지 않아서', '사내 녀석이 꼴사납게 울면 안 돼서' 감정을 억누르는 남자들은 일상생활에서도 같은 제약을 자신에게 건다.

사람은 로봇이 아니다. 자신의 감정들을 여과 없이 모두 표현하는 것도 문제가 되겠지만, 참는 것이 버릇이 된다면 그 또한 문제다. 내보내지 못한 감정은 찌꺼기가 되어 퇴적물처럼 쌓인다. 표현해 본 적 없는 사람은 정작 표현해야 할 순간에 표현하지 못한다. 그 순간 충돌에서 느끼는 수치감과 괴리감은 남성성을 강요당했던 남자에게 큰 상처를 남긴다. 그때 우리는 선택해야만 한다. 내가 쌓아 올린 남성성을 지킬 것인가, 내 본성을 따를 것인가? 어느 것을 택하든, 둘 중 하나를 숨기기 위해 은폐하고 꾸미게 될 것이다.

위협이 다가오는 순간, 우리의 몸은 우리를 지키기 위해 반사적으로 눈을 감고 몸을 움츠린다. 거기에 맞서 억지로 눈을 떠야 할 필요는 없다. 누군가 그것이 멋지고 남자다운 것이라 주장할지라도 말이다.

(3) 슈퍼맨에서 아이언맨까지

오랜만에 TV에 나오는 영화를 보았다. 시원한 할리우드의 액션 영화가 보고 싶은 날이 있지 않은가. 그날은 영웅 장르가 보고 싶은 날이었다. 펑펑 터지는 컴퓨터 그래픽에 눈이 즐거운 영화였다. 영화 속 주인공은 전지전능한 슈트를 입고 못된 악당들을 응징했다. 전형적인 영웅물이었다.

우리 세대라면 누구나 공감할 것이다. 80년대에도 다양한 영웅들이 존재했다. 동양에는 일당백의 전설 이소룡이 있었고, 서양에는 근육질의 슈퍼맨과 어려운 문제를 머리핀 하나로 손쉽게 해결하는 맥 가이버가 있었다.(클립 하나면 미사일도 만들 수 있을 분위기였다.)

모든 영웅은 자신이 침착하게 상황을 통제하고 어떠한 난관에서도 실패하지 않는다는 공통점이 있었다. 시간이 많이 흐른 지금은 더욱 다양한 영웅들이 등장했다. 손등에서 날카로운 칼이 튀어나오는 영웅, 첨단 과학 기술로 이루어진 슈트를 입고 싸우는 영웅, 강철보다 단단한 방패를 들고 적을 저지하는 영웅까지. 다양한 영웅들을 보면서 사람들은 열광했다. 그 시절 슈퍼맨과 이소룡을 보며 열광했던 나와 똑같았다.(물론, 가장 최근의 영웅들은 고뇌하고 실패하고 절망에 빠지는 등 기존의 문법과 맞지 않는 영웅들이 늘어났다. 그럼에도 불구하고 변하지 않은 것이 하나 있다. 영웅이 아무리 초라해 보여도 사람들은 여전히 그들에게 희망과 기대를 걸고 있다는 점이다. 심지어 끊임없는 똘끼에 정신병자처럼 보이는 데드풀일지라도 말이다!)

독일의 철학가이자 시인인 니체의 사상은 독특했다. 그는 '영웅'을 선망하였다. 평범한 인간을 '섣부른 자'라고 칭할 정도니 말 다했다. 한 명의 영웅을 위해 평범한 자들의 희생은 상관없는 것이라고 주장했다. 나폴레옹이야말로 혁명의 정당성을 부여하는 존재라고 말했다.

철학가의 주장과는 별개로 우리 주위에는 영웅을 선망하는 사람이 많다. 나 역시 영웅이 나오는 영화를 보며 그들을 선망했고, 존경했었다. 하지만 '영웅'이라는 이미지 또한 고질적인 남성성의 강요가 만들어 낸 환상이 아닐까. 남성적 이미지를 중심으로 그들의 행동은 거침이 없었다. 문제 앞에서 고민하고, 도움을 청한다면 그들은 '영웅'이 아닌 '도움받아야 하는 사람'으로 치부해 버린다.

한국 사회에서 '영웅'이 갖는 의미는 더욱 크다. 한국 전쟁, 일제 강점기와 같은 비극의 시대를 거치며 사회는 영웅을 갈망했다. 그러한 가치관이 곧 남성성을 강요하는 사회를 만든 것은 아닐까. 남성들은 문제 해결을 위한 경쟁력과 군대식 규율, 대를 위한 자기희생 등 다양한 방식을 통해 남자로서의 가치를 증명하려 했다. 한국의 거의 모든 남자가 군대에서 복무한 뒤 사회로 다시 돌아와 아버지가 되었다. 그들에게 나약한 소리는 변명이 되었고, 위험으로부터 가족을 지키지 못하면 창피스러운 일이 되었다.

세월이 흐른 지금도 영웅 장르는 꾸준한 인기를 누리고 있다. 젊은 세대와 다음 세대의 남성은 영웅이라는 이미지에 갇혀 있는 강요된 남성성에 자신을 스스로 속박하지 않았으면 좋겠다. 남자들은 보통 자신이 가진 문제를 인식하거나 표현하지 않는다. 강요되어 온 남성성이 자신의 감정을 표현하지 않고 억압하는 것을 당연하게 만드는 것이다. 아무리 두렵고 어려운 상황에 부닥쳐도 주위의 조롱이 더 두려워 솔직한 생각과 감정을 타인에게 말하지 않는다. 나는 강하다고 자신을 속이며 과장한다. 그러나 우리는 영웅이 아니다. 영웅을 선망하여 과장된 남성성에 자신을 옭아매는 것은 지양해야 한다.

(4) 너는 너다워야 한다

고대 그리스 철학자들이 사용했던 용어 중 '두모스(thumos)'라는 단어가 있다. 이것은 남자다움의 한 종류로 이해되는 용어다. 단어가 내포하고 있는 의미를 풀어 보자면 '호연지기', '용맹함' 정도로 해석될 것이다. 학자들은 '두모스'가 용기의 원천적인 동력이지만, 남자다운 용기의 이면이 자만감과 우월의식을 초래할 수도 있다며 경고했다. 긍정적인 의미를 포함함과 동시에 부정적인 의미를 지닌 단어였다. 남성성과 남자다움에서 나오는 용기가 누군가에게는 자만감과 허영심으로 해석될 수 있었다.

이처럼 '남자다움'은 사회에 의해 강요될 것이 아니라, 개인에 따라 다양하게 해석해야 하는 것 같다. 땀 흘리는 것을 좋아하고 거친 외모와 언행을 타고난 사람이 있는가 하면 운동보단 책을 더 좋아하고 눈물이 많은 남자도 있을 수 있다. 굳이 따지자면 나는 둘을 합친 쪽에 가깝다. 운동을 좋아하고 눈물은 많지 않지만, 천성이 정 많고 소심해 늘 남의 말에 신경을 썼다. 자질구레한 걱정이 많은 데다 배포가 크지도 않아서, 누군가와 다투다가 상처 주는 말이라도 하면 며칠간 죄책감에 끙끙 앓곤 했다. 그랬던 사람이 억지로 거칠고 강하게 행동하려고 노력했으니 한 생애가 힘들 수밖에 없었다. 요리를 좋아하는 남자도 있고, 미용에 재능이 있는 남자도 있다. 세상엔 참 다양한 남자가 많다. 나의 윗세대, 나의 세대, 다음 세대를 살아갈 모든 남성에게 말해 주고 싶다. 너는 남자다우려 하지 않아도 괜찮다고. 넌 너다워야 한다고.

"나다워도 괜찮다."

두렵고 고독한 남성성을 지키려고 노력하기보단, 사랑하는 주위 사람들에게 솔직하게 내 감정을 표현해 보는 것은 어떨까? 영웅이 되려는 마음가짐을 좀 내어주고 나 자신이 가진 타고난 성질을 받아들이면서 걱정 없이 사는 것이 옳을 수도 있지 않을까. 오늘날은 변형된 남성성이 존재한다. 과거보단 많이 나아졌지만, 아직도 남성들은 스스로 만든 틀에 자신을 가두고 방치한다. 항상 불안하고 쫓기는 인생을 살아가며 그 감정을 잊기 위해 더 과장된 행동을 하고, 스트레스를 받으며 언제나 불안해할 것이다. 아무리 맞아도 절대 아프지 않다며 더 때려 보라고 허세를 부리는 과장된 남자다움을 "상남자 특(징)"으로, 아무것도 아닌 말에도 삐치고 잘 풀리지 않는 뒤끝 있는 모습은 "하남자 특(징)"이라고 이름 붙여 보는 사람들을 깔깔대게 만드는 개그 콘텐츠는 여전히 우리 사회가 남성성에 대해 가지고 있는 전형이 있음을 극명하게 보여 주고 있음이 느껴져 씁쓸한 웃음을 짓게 하기도 한다. 진정한 남자다움의 정답은 정해져 있지 않다. 각자의 관점에서 다르게 풀어 나가면 될 일이다. '개인의 특성', '진정성'을 중심으로 지인들과 풍요로운 감정을 교류하며 살아가는 방법을 연습해야 한다. 눈에 보이지도 않는 '남자다움'에 속박되는 것은 나는 물론이고, 타인에게도 부담감과 불쾌감을 줄 것이다. 언제나 남과 자신을 비교하고, 나의 본모습을 잃어 갈 것이다. 주변인들과의 관계 또한 서먹해질 것이다.

아버지가 늘 하셨던 말씀 중 하나는, "진정한 남자는 자신의 감정에 솔직하며, 약한 사람을 도와줄 줄 아는 사람이다"였다. 이런 가르침 덕분에 나는 남자다움이란 무엇인가에 대해 깊이 고민하게 되었고, 지금도 그 가르침을 잊지 않고 살아가고 있다.

나 자신의 인생을 이해하고 살아가는 것이 훨씬 남자다운 삶이다. 한 남자로서 당당하게 걸어 나가야 한다. 그때 비로소 내 옆에 다른 남성들 또한 각자 다른 길로 걸어가고 있는 것을 보며 서로 웃을 수 있을 것이다.

커피 식기도 전에 원샷 때리는 사나이?

(1) 커피를 천천히 마시지 않는 남자들

　마르크스(Marx)는 이데올로기가 "한 특정 시대의 생산 양식을 소유한 집단이 그 시대의 의식을 소유한다"라고 주장했다. 그것이 한 사회 내에서 특정 지배계층이 소유한 의식이라고 밝힌다. 남성성 또한 마찬가지다. 거대한 사회의 의도에 따라 남성성은 TV나 음악 등 다양한 대중 매체에서 현실보다 더 이상적이고, 환상적으로 묘사된다. 그것은 교묘하게 발전했고 변화했다. 현재를 살아가는 남자들의 대리만족을 충족시키면서 몽환적인 캐릭터를 만들어 내기도 했다. 이런 몽환적인 세계는 단순한 환상이 아닌, 정교하게 묘사된 시대의 흐름이다. 그것은 시대가 변화하면서 함께 변화한다는 특성이 있고 참된 가치를 은폐하는 임무를 수행한다.

> "나는 사나이
> 낮에는 너만큼 따사로운 그런 사나이
> 커피 식기도 전에 원샷 때리는 사나이

밤이 오면 심장이 터져 버리는 사나이
그런 사나이"
(싸이, 「강남스타일」, 2012)

싸이의 흥겨운 댄스곡이 전 세계를 강타했다. 중독성 있는 리듬과 우스꽝스러운 뮤직비디오를 재밌게 본 기억이 있다. 가사는 매우 단순하다. "낮에는 따사로운 인간적인 남자"는 커피 한잔의 품격을 알고 있어야 하며, 심지어 밤이 오면 심장이 뜨거워질 줄 알아야 한다. "커피 식기도 전에 원샷 때리는 사나이"는 낮에는 여자만큼 따스하지만, 밤이 오면 심장이 터져 버릴 만큼 놀 땐 노는 사나이다. 나의 아버지 또한 언제나 커피를 뜨겁게, 그리고 서둘러 드셨다. 커피를 식기도 전에 원샷으로 마시는 모습에서 나는 어릴 때부터 아버지의 단호함과 결단력을 느꼈다. 그 모습은 언제나 나에게 강인한 인상을 남겼고, 아버지가 삶을 대하는 방식을 상징적으로 보여 주었다.

나는 그런 아버지를 보며 자랐고, 스스로도 그런 모습을 닮아 가려 노력했다. 삶에서 결정을 내릴 때는 주저하지 말고, 한번 선택한 길이라면 끝까지 밀고 나가라는 아버지의 무언의 가르침이 있었다.

여기 15년 전 또 하나의 노래를 소개한다.

"멋진 여자하고 사랑도 하고 실연도 당해 봤지만
내뿜은 담배 연기처럼 잊었어
스쳐 지나가는 사랑이라고
불타는 젊음이야 동전 같은 인생이야
모진 현실이 파도처럼 밀려와도
아무 두려움도 갖질 않아 약해지지 않아
야망도 불같이 뜨거운 야망을
이루지 못했던 지난 꿈을 이뤄 가겠어
포기하지도 주저하지도 않겠어
이제는 다시 울지 않겠어"
(김기하, 「나만의 방식」, 1996)

90년대 즐겨 들었던 김기하의 「나만의 방식」. 2000년대 초반까지 나와 친구들의 18번곡이었다. 친구 중 한 명은 '이 노래야말로 진정한 남자의 노래!'라고 주장하며 모임 때마다 열창했다. 「나만의 방식」으로 시작해 「강남 스타일」에 이르기까지 몇십 년의 세월이 흘렀고, 그 안에서 당연하게 여겨졌던 남성의 이미지가 어느 정도 누그러진 듯싶지만, 남성과 여성, 성 역할에 대한 근본적인 문제점은 바뀌지 않았다.

80년대 후반부터 본격적으로 TV의 보급이 시작되었다. 그 영향은 상당했다. 대중에게 고취하는 정보 전달, 의미 전달의 방식을 180도로 바꿔 버렸다. 그만큼 우리가 느끼는 시각적 이미지에 대한 무의식적 자극이 크다는 증거이다. 「강남 스타일」의 파급력을 지나 현재, 우리에게 고취하는 남성성의 주제는 변모하였다. TV와 유튜브에 등장하는 많은 광고 대다수가 서양 남성 모델을 선호한다는 점, 많은 광고에서 서구 문화를 배경으로 창작하고, 연출되었다는 점이 그 예시다. 우리 사회에 허구적인 남성성의 강요와 더불어 서양 문화에 대한 콤플렉스가 만연해 있다는 사실을 알 수 있다. 외모지상주의 성장을 일으킨 사회적 문제점은 대중 매체의 발달, 미디어 기술의 혁신, 외모와 신체적 매력의 강조와 미용 산업의 발달 등으로 설명되기도 한다. 표준적인 남자다움의 절대적인 기준은 정하기 어렵겠지만, 지금까지 '남자다움', '여자다움'의 틀이 명확했다면 이제는 과거에 '여성적인' 것으로 여겨졌던 가치들이 상승하고 있다. 양성을 긍정하는 가치가 나타난 것이 아니라, 오히려 새로운 '남자다움'이 요구되는 시대에 도달했다. 이러한 흐름은 '남성성'에 대한 가치가 변화함에 따라 나타난 자연스러운 현상이라 생각한다. 마초에서 새로운 남자에 이르기까지. 남성들 자아실현의 욕망이 시각적으로 나타나기 시작했다. 90년대 전까지 여성의 전유물이었던 패션과 뷰티, 화장품, 성형 등 외적으로 보이는 관심도가 높아지게 되면서 젊은 세대의 남성들이 그 흐름에 편승하고 있다. 외형적 가치에 많은 지출을 하게 되었다는 것이 젊은 마초들의 특징이다.

호연지기의 정신

(1) 호연지기의 의미

전국시대의 정치 사상가이자 철학자인 맹자는 이미 우리에게 익숙한 이름이다. 그의 본명은 맹가. 그는 의를 강조했고 인의 위치에 병치하면서 공자의 사상을 보완하려는 시도를 보여 줬다는 점에서 현대에도 위대한 철학가로 기억된다. 의(義)는 착할 선(善)과 나 아(我)의 합성어로 '우리의 좋은 사회'를 뜻한다. 다시 의(義)는 양 양(羊)과 나 아(我)로 이루어져 있다. 양 양(羊)은 갑골문자에서 '좋다'라는 뜻으로 해석되었으며, 후세에 의미가 나누어지게 되었다. 정리하자면 다음과 같다.

"羊+口=좋은 말: 善(착하다),
羊+人=좋은 사람: 美(아름답다),
羊+我=좋은 우리: 義(의롭다)"

따라서 의로움이 곧 공정하다는 결론에 이를 수 있다. 이러한 해석을 바탕으로 공자는 공정함을 설명했다. 공정함을 지도자가 반드시 갖추어야 할 역량이라고 주장했기에, 맹자는 어진 사람이 그 위치에 올라야 하는 것을 무척 중요하게 생각했다. 맹자의 『공손추』 상편에서 나타난 호연지기에 대한 제자와의 대화를 통해 나타난 그의 생각을 살펴보자.

"감히 묻건대 선생님에게는 어떤 장점이 있습니까?"
맹자가 말하기를,
"나는 말을 알며, 나는 나의 '호연지기'를 잘 기른다."
"감히 묻건대 '호연지기'는 무엇을 말하는 것입니까?"
맹자가 말하였다.
"말하기 어렵구나. 그 기운 됨은 지극히 크고 지극히 굳세니, 곧게 길러서 해로움이 없으면 하늘과 땅 사이에 가득 차고, 그 기운 됨은 '의로움'과 '도'의 짝이 되어, 이것이 없다면 위축된다. 이는 의로움이 쌓여서 생기는 것이니, 의로움이 밖에서 들어와 얻어지는 것은 아니라서, 행동함이, 자신의 마음에 들지 않는다면, 곧 위축될 것이다. 그러므로 나는 고자가 일찍이 의로움을 그 바깥에 두었기에 아직 알지 못한다고 말했다."

맹자는 자신의 마음이 떳떳하다면, 아무리 생각해도 의롭다고 생각한다면, 저절로 당당해질 것이라 주장했다. 그러나 그 의로움의 옳고 그릇됨이 조금이라도 내 마음에 들지 않는다면 어느 곳에서도 당당해질 수 없다고 말했다.

> "의로움 그 자체는 바깥에서 만들어지는 것이 아니라,
> 내 마음속에 한 점 부끄러움이 없을 때 만들어지는 것이다.
> 부끄러울 것이 하나도 없는데 어찌 당당하지 않을 수 있겠는가."

그는 어디에 내놓아도 부끄럽지 않은 의로움이 쌓이는 것을 호연지기라고 설명했다. 이러한 그의 호연지기 사상은 현재를 살아가는 많은 남성에게 올바른 지표가 되어 준다. 정답은 외부에서 내부로 들어오는 것이 아니라, 내 마음속에서 스스로 만들어지는 것이라는 주장 또한 커다란 가르침을 준다. 호연지기(浩然之氣)는 아버지가 늘 강조하셨던 덕목 중 하나였다. 이는 대담하고 올곧은 기상을 의미하며, 자신을 믿고 큰 뜻을 펼치라는 가르침이다. 아버지는 늘 자신의 삶 속에서 호연지기를 실천하셨고, 그 모습은 나에게 큰 영감을 주었다. 어릴 적 아버지와 함께했던 산책길에서 아버지는 나에게 호연지기가 왜 중요한지 말씀하셨다. "너의 삶에서 무엇이든 할 수 있다는 자신감을 가져라", "네가 품고 있는 기상

이 세상을 바꿀 수 있다"라고 말씀하셨다. 그 말은 나의 삶의 나침반이 되어 주었고, 나는 언제나 그 가르침을 마음에 새기고 있다.

(2) 나비처럼 날아서 벌처럼 쏜다

캐시어스 마셀러스 클레이 주니어(Cassius Marcellus Clay Jr.). 우리에게 무하마드 알리(Muhammad Ali)라는 이름으로 더 잘 알려진 이 흑인 복서는 오늘날까지 회자되는 위대한 복서이다. 그는 복싱 역사를 논할 때 거의 빼놓지 않고 언급될 정도로 그가 쌓아 올린 업적은 대단했다. 헤비급에서 활동한 알리는 아마추어 복서를 거쳐 프로에 데뷔하고 세계 챔피언의 자리에 올랐다. 그의 주특기는 회피능력과 빠른 스텝으로, 후대에는 '알리 스텝(Ali Step)'이라는 복싱 풋워크 기술이 생겨날 정도로 뛰어난 테크닉을 보유한 아웃복서다. 대중은 링 안에서 그가 보여 준 기술과 시합만을 기억하지만, 사실 그는 링 바깥에서도 위대한 인물이었다. 화려한 복싱 실력에 숨겨진 그의 일화를 몇 가지 소개한다.

"Float like a butterfly, and sting like a bee."

나비처럼 날아서 벌처럼 쏜다. 알리의 유명한 어록 중 하나이다. 으레 많은 챔피언이 그렇듯, 그 또한 자신의 특별한 경험으로 인해 복싱계에 입문하게 된다. 알리는 다른 흑인 가족에 비해 부유한 중산층 집안에서 태어났다. 어느 날 어린 알리는 그의 자전거를 타고 루이빌시에 있는 흑인 기업 박람회에 방문한다. 하지만 그는 거기서 그의 자전거를 도둑맞는다. 근처에 있는 경관 조 마틴(Joe Elsby Martin)에게 신고하면서 그에게 당차게 선언한다.

"도둑놈을 잡으면 아주 묵사발 내 줄 거예요!"

당시 조 마틴은 경찰관이자 동시에 복싱 트레이너로 활동하고 있었다. 그는 알리의 번뜩이는 눈빛을 보았다. 마틴은 흥분한 알리를 설득하며 그럴 거면 차라리 복싱을 배워 보는 게 어떨지 권유한다. 그렇게 알리는 조 마틴을 따라 복싱을 배우게 된다. 알리는 복싱에 놀라운 재능을 보였고, 조 마틴의 예측대로 후에 어마어마한 업적을 쌓는다. 여기서 우리는 알리의 인간성을 엿볼 수 있는데, 만일 그가 자신의 감정을 조절하지 못하고 조 마틴의 설득에도 자기 뜻을 굽히지 않았더라면, 결코 위대한 챔피언이 되지 못했을 것이다. 그는 번뜩이는 눈빛과 분노를 갖고 있으면서도 타인의 말에 귀 기울일 줄 알았다. 타인의 말이 옳다고 생각하면 본인의 생각을 굽힐 줄 알았다. 자존심과 자만심에 휘둘려 무조건 자신의 신념을 밀어붙이지 않았다. 그것이 위대한 챔피언으로 가는 첫걸음이었다.

그 후 알리는 1960년 로마 하계 올림픽에서 라이트 헤비급 금메달을 획득한다. 알리는 부푼 기대를 안고 조국으로 돌아온다. 대중은 훤칠하고 실력 좋은 흑인 복서에게 찬사를 보냈지만, 그의 앞에 펼쳐진 현실은 여전히 암울했다. 백인 전용 화장실, 백인 전용 식당, 백인 전용 대기실이 거리에 즐비했다. 미국 곳곳에 인종차별은 날이 갈수록 심해지고 있었다. 알리는 백인 전용 식당에서 식사하다가 백인 갱단과 시비가 붙어 가게에서 쫓겨나는 사건을 겪는다. 그는 회의감이 들어 어렵게 얻은 올림픽 금메달을 버렸다고 전해진다. 그는 이때 깨닫는다.

"이 모든 것을 통제할 수 있는 곳은 오로지 링 안. 링 안에서는 인종도, 차별도 존재하지 않는다."

그는 루이빌 후원 그룹의 지원을 받게 되고 그해 프로에 데뷔하게 된다.

(3) 자만감 말고 자신감

1960년 데뷔한 알리는 19승 무패, 14KO라는 전적을 이어 간다. 그는 이 과정에서 많은 전설적인 선수들을 무너뜨렸다. 당시 100승이라는 무시무시한 전적을 가진 아치 무어(Archie Moore)를 상대로 4라운드 KO승을 거두며 이기고 18번째는 영국의 강타자 헨리 쿠퍼(Henry Cooper)에게 5라운드 승리를 거둔다. 이 젊고 잘생긴 흑인 복서는 사람들의 관심을 받기 시작한다. 알리의 튀고 특유의 반항적인 이미지와 합쳐져 그 관심을 더욱 증폭시켰다.

"절대로 누가 나를 막아설지에 대해 떠들어 대지 마! 아무도 날 막을 수 없어!"

알리는 영리했다. 달변가였고, 언론의 앞에서 자신의 가치를 높이고 설명하는 법을 알고 있었다. 특히 알리는 자신의 상대가 몇 라운드에 자신에게 다운당할지 예측하는 등 언제나 자신감이 넘쳤다. 알리는 마침내 자신의 진짜 실력을 증명할 수 있는 상대와 대결하게 된다. 1963년 '더 빅 베어'라는 별명을 가진 강타자 소니 리스튼(Sony Liston)과 맞붙는다. 대중은 소니 리스튼의 절대적 우세를 점쳤다. 경기 전 도박에 걸린 돈은 7:1의 배율로 소니의 압도적인 우세를 보였다. 시합 전 알리와 뉴스 앵커의 인터뷰를 소개한다.

"제리, 저는 링 위에 발을 올린 가장 위대한 파이터가 될 것입니다. 사람들은 그날 돈을 잃을 것입니다."
"자네는 말로만 떠드는 것 같군. 역사상 최고의 파이터보단, 역사상 최고의 허풍쟁이가 어울리는 것 같은데."

경기 초반, 알리는 경쾌한 스텝을 보여 준다. 알리는 4라운드가

종료된 후 코너에 돌아가 눈의 통증과 불편함을 호소하기도 했지만, 그는 날렵한 움직임과 핸드 스피드로 경기를 지배해 7라운드 승리를 거둔다. 허풍쟁이라고 조롱당했지만, 자신이 호언장담한 대로 챔피언에 오르는 순간이었다.

  자만감과 자신감은 한 끗 차이라 했던가. 내가 가진 능력 이상을 떠벌리거나, 나를 포장해 멋있는 사람이 되는 것은 쉬운 일이다. 그러나 나의 잠재력을 믿고 그것을 개발하기 위해 수많은 시간 땀 흘리며 나의 가치를 증명하는 것은 어려운 일이다. 사람들이 허풍이라고 비난해도 나 자신을 믿고 내가 내뱉은 말에 책임을 지는 것. 알리는 그것을 해냈다. 그렇기에 아직도 많은 이들에게 기억되는 것은 아닐까.

그녀가 원했던 그, 그가 원했던 그녀

(1) 그는 모른다

아내가 남편에게 원하는 것과 남편이 아내에게 원하는 것은 다르다. 어쩌면 그 격차를 좁혀 가는 것이 '결혼 생활'일지도 모르겠다. 하루가 멀다고 싸움을 하는 부부가 있다. 고요하다가 크게 터지는 갈등을 겪는 부부도 있다. 누군가는 결혼 생활이 다 일률적이라고 주장하지만, 내 생각은 다르다. 세상에는 수많은 사람이 있고 각자의 방식으로 인생을 살아간다. 서로 다른 인생을 살아왔던 남녀가 한집에서 살아가려니 그 안에서 얼마나 다양한 갈등이 나올 것인가.

교수직을 하는 지인의 집에 찾아간 기억이 있다. 함께 식사한 자리에서 사모님에게 들은 이야기가 충격이었다.

"저희 부부는 단 한 번도 싸운 적이 없어요."

과장을 고려하더라도 충격적인 내용이었다. 어떻게 부부가 살아가면서 단 한 번도 싸우지 않을 수 있을까. 내 상식으로는 도무지 이해할 수 없었다. 사회적 지위와 개인의 성품이 집 안에서 유지된다는 보장은 없다. 남에게 보이는 모습과 가정에서의 모습은 완전히 다른 것이다. 의젓하고 예의를 갖춘 그 부부는 가정에서도 본래의 모습을 보이지 않는 것인가. 아니면 정말 타고난 천성이 그런 것인가. 한 번도 다투지 않았다는 그들이 부럽기도 했고 혼란스럽기도 했다.

지인의 사모님이 병원에 입원 중이라는 소식을 들은 것은 3주가 지났을 때였다. 찾아간 병실에서 그들은 머쓱한 듯 미소 지었다. 부부싸움이었다. 지인은 나름 사모님을 배려해 걱정을 덜어 주고 싶어 상의하지 않고 혼자 고민한 끝에 차를 샀다. 그러나 나중에 이 사실을 알게 된 사모님은 분노하였고, 말다툼 끝에 서로 크게 싸운 것이다.(다투는 중에 넘어져 골반뼈에 금이 갔다고 한다.) 여기서 중요한 것은 그들이 싸웠다는 사실이 아니다. 세상에 있는 모든 부부가 수없이 다투고 앞으로도 다툴 것이기 때문이다. 아내는 사랑하는 남편이 혼자 걱정하고 고민하고 결정을 내리는 것보다는 그녀와 함께 진솔한 대화를 나누는 것을 원한다. 아내는 남편이 그의 생각과 솔직한 감정을 함께 이야기하는 것을 중요하게 생각한다. 그러나 대부분 남자는 이러한 여자의 심리를 이해하지 못한다.

가족 치료 전문가 에머슨 에거리치 박사는 자신의 저서 『Love & Respect for a Lifetime』에서 이렇게 밝혔다.

"남녀의 다름이란 전기 회로의 메커니즘과도 같다.
하나의 전구가 부서지면 모든 전구가 다 꺼지는 '통합된 방식'과
300개의 전구 중 200개가 부서져도
나머지 100개의 전구는 여전히 작동하는 '개별적 방식'이 있다.
친밀감의 단계에서, 아내는 첫 번째 회로와 같다.
만일 결혼 생활에 갈등이 있다면, 이것은 그녀의 전부에 영향을 미친다.
그녀의 전구들은 모두 꺼지게 될 것이고 그녀는 완전히 지칠 것이다.
이것은 그녀가 통합된 성격을 갖고 있기 때문이다.
그녀의 정신과 몸은 영혼과 함께 결합하여
모든 것들은 그녀가 받은 상처에 반응한다.
남편이 그녀가 사랑받고 있지 않다는 불친절한 표시를 한다면
그녀는 그것들이 회복될 때까지 완전히 혼란스러워하게 될 것이다."

참 흥미로운 견해다. 대부분 남자는 300개의 전구 중 200개가 고장이 나도 아직 100개가 작동된다는 비유에 동의할 것이다. 남자는 결혼 생활에서 어떤 갈등이 일어나도 그 문제에 순서를 정할 수 있는 통제력을 갖고 있다. 그러나 여자의 경우, 한 개의 전구가 부서진다면 전체의 전구가 제 기능을 하지 못한다. 하나의 문제를 총체적으로 받아들이기 때문이다. 이러한 여성의 고충을 남성은 잘 알아차리지 못한다. 그녀 곁에서 이야기를 들어 주고 그녀가 통합적으로 문제를 인식하고 있다는 것을 알고 공감해 주는 것이 문

제 해결보다 우선해야 할 것이다.

 아내는 남편과 대화하는 것을 원한다. 여기서 대화란 남편이 그녀의 이야기에 대한 일방적인 해결책을 제시하는 것이 아니다. 아내는 남편이 자신의 이야기를 끝까지 들어 주는 것을 원한다. 남편이 겪고 있는 고민과 갈등이 있다면 솔직하게 말해 주는 것을 원한다. 이것으로 아내는 남편이 자신을 이해해 주고 있다는 느낌을 받을 것이다. 아내가 원하는 것은 남편의 이해심이다. 결코, 해결책을 원하는 것이 아니다.

 남자로서 한 여자를 사랑하고, 그 관계를 지속적으로 발전시키는 것은 중요한 일이다. 나의 아버지는 항상 어머니를 소중히 여기며, 그녀를 위해 최선을 다하셨다. 그 모습은 나에게 남자가 어떻게 사랑해야 하는지를 가르쳐 주었다. 아버지는 여성이 원하는 남성이 되기 위해서는 배려와 이해가 필요하다고 말씀하셨다. 그분은 언제나 어머니의 의견을 존중하고, 그녀의 감정을 이해하려 노력하셨다. 그 모습을 보면서 나는 남자가 갖춰야 할 중요한 덕목이 무엇인지 배우게 되었다. 또한, 남자가 원하는 남성이란, 자신의 약점을 인정하고 그것을 극복할 줄 아는 사람이라고 아버지는 말씀하셨다. 강인함이란 외적인 모습뿐만 아니라 내적인 성장에서도 중요하다는 것을 깨닫게 해 주었던 부분이다. 아버지의 가르침 덕분에 나는 스스로를 더 깊이 이해하고, 더 나은 남자가 되기 위해 노력하게 되었다.

(2) 그녀는 모른다

남자의 관점에서 이러한 여자의 회로를 이해하기는 쉽지 않은 일이다. 한평생 '남자답게' 행동하기 위해 노력했으므로. 힘이 든다고 아내 옆에서 울지 않았고, 사회에 지쳐도 직장을 포기하지 않았다. 부족하지만, 우는소리하지 않았다는 것이 남자들의 입장이다. 그러니 이해심을 바라는 아내와 충돌이 잦을 수밖에 없다.

남자와 여자는 각자 원하는 것이 다르다. 서로 다른 각자를 만족시켜 주는 생활을 이어 나간다는 것이 결코 쉬운 일이 아닐 것이다. 그런데도 그들은 결혼하고 사랑하는 자식을 낳아 생활한다. 서툴고 흔치 않지만, 서로가 원하는 사랑이 언뜻 비치는 시점에서 사랑을 받는다 느끼고, 자신이 귀하게 여겨짐을 깨닫게 되는 것일지도 모른다. 그러나 계속해서 결혼 생활에 갈등만 생겨난다면, 그 사랑은 끝으로 향하게 된다. 그리하여 이혼이라는 극단적인 선택을 유발하기도 한다. 언제나 행복한 결혼 생활과 상대방과의 건강한 관계 유지가 중요하다.

희생정신과 선한 의도로 상대방에게 사랑의 헌신을 한다고 하더라도 가려운 곳을 긁어 주지 못한다면, 허무한 일이다. 우선 상대가 원하는 부분을 찾아 무엇이 필요한지 파악하고 개선해 가려는 남자와 여자의 노력이 필요하다. 여자에게 있어 인생의 동반자란, 가장 사랑하는 사람임과 동시에 나와 가장 가까운 친구이다. 휴일이면 좋은 곳에도 함께 가고 싶고, 퇴근 후 돌아오면 하루 동안 무슨 일이 있었는지 오순도순 이야기해 줄 수 있는 그런 친구. 대화할 때도 이성적으로 답변하기보단 나와 함께 공감해 주고 슬퍼해 줄 수 있는 친구를 원한다.

그러나 애석하게도 대부분 남자는 그렇지 않다. 그들은 하루 동안 고된 일과를 마치고 돌아와 대화보단 휴식을 찾기 마련이다. 아내와 침대에서 오늘 무슨 일이 있었는지 가만히 이야기하는 것보다 소파에 누워 TV를 켤 것이다. 남자는 여자가 바라는 '친구'라는 역할을 할 수 있는 성향을 타고나지 않았다. 그들은 공격적이고, 지배적이며, 보호해야 하고 내일도 일을 나갈 준비를 해야 했다. 오늘 겪은 일상에 관해 대화하는 것은 배울 수 있다. 그러나 마음에서 우러나와 그것이 습관화되기까지는 오랜 노력이 필요할 것이다.

남자는 관계 개선을 위해 노력하는 것에 대해 호의적이지 않다. 이는 한국에 사는 남자 대부분이 본인의 가정생활에 만족하기 때문이다. 하지만 여자는 다르다. 많은 설문조사에서도 쉽게 찾아 볼 수 있듯, 여성의 대부분은 본인의 결혼에 만족하지 못한다고 말한다. 어느 전문가는 이 차이에 대해 이러한 견해를 밝혔다.

"남녀 배우자에 대한 만족도 차이의 원인은 일반적으로 남자는 결혼 생활에 쉽게 만족하지만, 여자는 결혼에 대한 환상을 잊지 못한다는 것에 있다."

급속하게 변하는 시대에 맞춰 여성의 사회적 역할과 위치 그리고 결혼에 대한 관점이 변화했다. 과거의 사회적인 통념으로 결혼의 실패는 주로 남성에게 있다고 보는 것이 일반적이었다. 그러나 이러한 변화로 인해 결혼 생활에 대한 다양한 분석이 등장했다. 과거에 아내가 결혼해서 겪는 고통의 원인 대부분이 남편에게 있다고 생각했다면, 이제는 여성이 갖는 결혼에 대한 비현실적 기대감도 결혼 생활의 문제점으로 대두되었다. 비현실적인 환상은 현실에서 관계를 틀어지게 만든다. 내가 만들어 둔 환상이 있으니, 현실 속 상대가 무슨 일을 해도 내 욕구를 충족하기란 어려운 일이다. 결혼이란 성숙한 남녀 둘이 만나 새로운 삶을 만들어 가는 가장 위대한 과정이다. 상대방이 나를 행복하게 해 줄 거라는 믿음보단 이러한 마음가짐이 더욱 중요하리라.

그렇다면 결혼 생활에서 남편이 가장 원하는 것은 무엇일까. TV 예능 프로그램에서도 자주 소개되었던 익숙한 것이기도 하다. 바로 존경과 존중이다. 유명 개그맨 강호동은 방송에서 밝혔다. 자신이 아내에게 사랑받고 있다는 느낌을 받았을 때는 바로 아내가 본인의 삶을 존경한다고 말해 주었을 때라고. 남편은 상대로부터 존경받기를 원한다. 내가 부족하고 실수하더라도 그녀가 나를 존중해 주는 것이 남편이 진정 원하는 것이다. 남자는 특히 자신의 아내에게 인정받는 것을 원하며 아내에게만큼은 '영웅'의 모습으로 보이길 원한다. 이는 앞선 주제에서 밝힌 '일그러진 남성성'을 강요받은 대가로, 남자는 본인의 성별 자체가 존중받아야 하는 대상으로 생각하는 것이다.

여기서 관점에 대한 차이가 드러나는데, 남편은 자신이 살아온 삶과 참아 온 고통을 내세우며 성별 자체를 존중받아야 하는 대상으로 인식한다. 그러나 아내는 존중받는 사람에게는 그만한 자격이 있어야 한다고 생각한다. 아내는 남편을 존경하는 것에 거부감을 느끼지 않는다. 그러나 존경받을 자격이 없는 남자를 존경하는 것은 자신을 기만한다는 생각이 들기 때문에 그에 걸맞은 남자를 만들기 위해 무던히 노력한다. 이른바 '남편 개조'를 시도하는 것이다. 하지만 이런 아내의 시도는 완벽한 시행착오다.

아내의 의도와는 달리 남편은 아내의 존경을 받지 못해 존재 자체에 위협을 느낀다. 가정에서 존경받지 못하는 남자는 서서히 질식하고 정서적으로도 불안해진다. 만약 불완전한 남자의 모습을 받아들이고 그런 남자를 존경한다면, 남자는 그 시점부터 변화할 것이다. 아내에게 마음을 열기 때문에 아내가 남편을 긍정적인 방향으로 인도하는 것이 가능해진다.

슬기로운 여성은 조급해하지 않는다. 인내하며 더 나은 삶을 위해 남편을 변화시키는 과정에 서두르지 않을 것이다. 장기적인 계획이라 생각하며 남편의 자존심을 다치지 않게 신경 쓸 것이다. 용기를 북돋워 주며 남자를 여유롭게 변화시킬 것이다. 역사적으로 여성이 강인한 이유가 여기에 있는 듯하다.

(3) 결혼 지옥, 이래도 하시겠습니까?

그도 그녀를 잘 모르고, 그녀도 그를 잘 모른다. 무지로 맺어진 관계는 쉽게 파국으로 치닫게 된다. 최근 방송뿐 아니라 유튜브에서도 핫한 「오은영 리포트 - 결혼지옥」의 썸네일에 등장하는 문구를 몇 개 살펴보자. "아이들에게 수신 거부당한 남편?", "누가 더 잘못했는지 알리고 이혼 소송 제기한 남편", "남편에게 일상이 된 아내의 분노", "서로 감시 위한 CCTV 설치한 부부?"…. 가뜩이나 낮은 출산율에 정말 화룡점정을 찍는 자극적인 내용들이 마구 날뛰고 있다.

고대 철학자들은 주로 결혼에 대한 부정적인 견해를 보였다. 그중 몇 가지를 간략하게 소개한다.

"소크라테스: 결혼은 해도 후회, 안 해도 후회.
라 로슈푸코: 편리한 것도 있지만 즐거운 것은 없다.
브래드버리: 함께 지내면서 서로 불신하는 관계이다.
키케로: 결혼이란 최초의 사회적 굴레이다.
자자 가보: 결혼 전에는 불안정하지만 결혼하고 나면 끝장이다.
필딩: 모든 부부는 남편과 아내 한쪽은 반드시 바보다."

철학가들이 후대에 남긴 결혼에 대한 격언이다. 부정적인 의견이 대부분이지만 그들이 악처를 만났다는 생각은 하지 말자. 당시 돈도 못 벌고 뜬구름 잡는 소리만 했던 남편을 바라보는 아내들은 속이 무척 쓰렸을 것이다.

시대가 많이 지나 결혼에 대한 다양한 관점이 등장했다. 고대 철학가들처럼 부정적인 의견을 내놓는 사람도 많지만 반대로 결혼의 긍정적인 측면에 집중하는 이들도 있다. 나 또한 후자에 가까운 사람이다. 해도 후회하고 안 해도 후회한다면 해 보는 편이 낫지 않을까, 생각해 본다.

행복한 결혼 생활의 비법은 아직 세상에 나오지 않았다. 무척 발전한 시대에 살고 있어도 아직 그 해답은 찾지 못한 모양이다. 남자와 여자가 함께 노력하는 것만이 행복한 결혼 생활을 위한 방법이다. 한 배를 탄 남자와 여자는 도중에 폭풍우를 만날 수도 있고 멋진 크루즈 배로 옮겨 타고 싶은 충동에 사로잡힐 때도 있을 것이다. 그러나 긍정적인 관계를 유지하며 후회 없이 그 여정을 즐기고 더 성숙해지는 것이 중요하다. 계속 함께 나아가다 보면 비로소 삶의 크고 작은 행복을 소중히 여기는 서로를 발견할 수 있을 것이다.

후회 없는 결혼 생활을 위해 첫 번째로 필요한 것은 결혼에 대한 올바른 시각이다. 그것을 갖기 위한 남편과 아내의 노력이 강조된다. 세월이 더 흐르고 행복한 결혼 생활의 정답과도 같은 교재가 나온다 한들, 결혼에 대해 잘못된 관점을 갖고 있다면 그 관계에 발전은 기대하지 않는 편이 나을 것이다. 목적지를 설정하지 않고 떠난 여행은 그 끝이 불분명할 수밖에 없다.

남자는 자신을 부각하는 데 익숙하다. 그가 겪어 온 세월이 그를 그렇게 이끌었다. 그가 자라던 시절 바라보았던 아버지, 학창 시절에 극장에서 본 영화, 주위 동성 친구들 등 이른바 '남자들의 세계'에서 살아남는 방법은 강해지는 것이라는 사실을 무의식에 갖고 있다. 그러므로 자신의 본모습을 감추고 숨긴다. 좋은 모습만 보여 주고 싶고 힘든 모습을 절대 남에게 보여 줘서는 안 된다고 생각한다. 일그러진 남성성이 결혼까지 찾아온 것이다.

하지만 이러한 모습만 보여 줄 수 없는 곳이 딱 한 군데 있는데, 바로 신혼집이다. 남녀가 같은 지붕 아래 함께 산다는 사실 하나로 서로가 가진 실제 모습이 적나라하게 드러난다. 결혼한 부부는 투명한 바다 표면에 비친 거울처럼 나의 실체를 넉넉히 확인할 수 있는 관계이다. 같은 공간에 살면서 그들도 깨닫지 못한 자신의 모습을 확인할 수 있다. 본인의 어떤 면이 괜찮고, 어떤 면은 부족한지 자각할 수 있는 것이 결혼의 중요한 역할 중 하나다.

이 과정에서 전에 알지 못했던 자신의 치부가 드러나게 되고, 자기방어 기제가 작동하기 시작한다. 감추고 싶었던 자신의 모습이 드러났을 때 창피함을 느끼고, 본인에게 실망하고 자존심에 화를 낼 수도 있다. 하지만 그런 모습을 보고 한순간에 이별을 결심하는 상대방은 없다. 결혼은 그만큼 신중하게 선택한 관계의 결말이기 때문에 자신의 치부를 받아들여 극복하고자 하는 용기로 바꿀 수 있다면 새로운 삶을 시작하는 데 유익한 경험이 될 것이다.

하지만 많은 이들이 이러한 긍정적인 측면을 따르기보단, 자신을 숨기는 데 급급해한다. 나를 위장하며 본모습을 감추려고 애쓰는 안타까운 일들이 빈번하다. 변변치 않은 노력 없이 결혼이라는 계기를 통해 배우자가 자신을 더 나은 사람으로 인식하기를 바란다. 이러한 인식은 상대방이 자신의 행동에 대해 불만을 품을 때 결혼을 원망하는 방식으로 표출된다. 자기가 원하는 대로 상대방이 자신을 바라보지 않자 상대를 비난하고 탓하는 단계로 넘어가게 된다. 하지만 다시 올바른 방향으로 오는 과정이 중요하다.

서로에게 화를 내면서 각자 결혼 생활에 대해 깊은 고찰을 하기 시작한다. 이 과정을 통해 무언가 잘못되었다는 것을 알아차리고 이것들을 수정하기 위해 상대방과 소통을 시작하게 된다. 이 과정은 권태기가 꼭 나쁜 것만은 아니라는 증거이기도 하다. 남편과 아내 모두 결혼에 대한 올바른 관점을 갖기 전까진 외부의 노력이 그들의 생활을 바꾸진 못한다. 설사 그것이 아무리 그 분야 최고 전문가라고 할지라도 말이다.

(4) 그럼에도 불구하고

살다 보니 결혼에 대해 내가 원했던 것과 아내가 원했던 것에 대한 차이를 어렴풋이 짐작할 수 있었다. 어디 가서 지지 않고, 가정을 지켜 내는 것이 전부라고 생각했었지만, 되돌아 생각해 보니 전혀 다른 관점에서 결혼 생활을 하고 있었다. 나를 포함한 많은 남편과 아내가 접점을 찾지 못하고 엉뚱한 곳에서 결혼 생활을 하려고 한다. 그만큼 남녀가 결혼에 대한 이해와 기대가 다르다는 뜻이다.

등산 모임에 참석한 한 부부는 함께 산을 오른다. 단풍이 물든 산은 보기에도 아름답다. 집을 벗어나 오래간만에 걸으니 상쾌한 기분이 코끝을 스친다. 나무 계단을 오르기도 하고, 중턱에서 김밥을 나누어 먹기도 한다. 아내가 뒤처지면 함께 끌어 주고 귀여운

다람쥐를 함께 바라보기도 한다. 약수를 먹으며 행복한 시간을 공유한다. 아무리 아름다운 산과 여행과 경험이 있다 한들, 그것들은 모두 부수적인 것들이다. 오직 당신과 나 외에는 이 경험의 주인공이 될 수 없듯이. 반대로 산에 도착하자마자 각자 짐을 챙겨 각기 다른 코스로 산행을 마치고 버스에서 만난다면, 그들의 목적은 지극히 이기적이고 결혼과 상대방에 대한 존중이 없는 것이다.

많은 이들이 결혼이 사랑과 행복을 보장해 주는 수단이라고 생각한다. 아이를 많이 가져 가족의 부흥을 꿈꾸고, 누군가는 하루하루 로맨틱한 아침을 맞이할 것으로 생각한다. 혹은 돈벌이를 이유로 상대방의 주체성을 인정해 주지 않는 이도 존재할 것이다. 만일 이것이 결혼에 대한 시각이라면 둘 중 한 명은 결혼에 실패하는 지름길로 질주하고 있는 것이다.

남편과 아내는 결혼을 통해 진정으로 서로를 사랑하는 방법을 깨닫는다. 들통난 모습도, 흠결도 받아들이고 격려하며 불완전한 서로를 사랑해 간다. 이것을 배울 수 있는 유일한 방법이 결혼이다. 인내를 무기로 함께 반성하고 수정하며 발을 맞춰 가는 것은 오직 남편과 아내만 해낼 수 있는 일이기 때문이다. 노희경 작가가 극본을 맡은 옛 드라마의 한 대사를 소개한다. 1999년도에 방영된 「우리가 정말 사랑했을까」라는 제목의 드라마다.

"사랑과 결혼이 기쁨과 행복만이라고 생각한다면,
그 사랑과 결혼에 실패할 것입니다.
사랑과 결혼 안에는 기쁨과 행복 말고도
슬픔과 상처, 고통이 함께하기 때문입니다."

남자와 여자는 다르게 태어났다. 두뇌의 기능이 달라 사고방식이 다르고, 생물학적 기능이 다르므로 할 수 있는 일도 다르다. 살아온 방식이 달라서 의사소통 방식 또한 다르다. 남자와 여자가 다르다는 사실은 서로를 이해하려는 태도가 불가피하다는 뜻이다. 각기 수행할 다른 역할과 차이를 인정하지 않고는 절대 화합하지 못할 것이다. 지혜로운 부부는 성별의 한계점에 집중하지 않는다. 그들의 차이를 존중하고 이해하며 자신과 상대방의 장단점을 알고 있어 서로의 도움을 기꺼이 수용한다. '결혼은 현실'이라는 유명한 말이 있다. 냉혹하고 잊어서는 안 될 법칙도 존재한다. 무조건 헌신한다고 화려한 결혼 생활이 싹트는 것도 아니다. 많은 시행착오를 통한 땀방울이 있어야 비로소 결과가 나타나는 까탈스러움도 있다.

하지만 그럼에도 불구하고 결혼 생활에 기울인 노력의 대가는 이루 말할 수 없다. 결혼의 성질이란 본래, 형용할 수 없을 만큼 아름다운 것이기 때문이다.

사나이도 가끔은 약해질 수 있다

(1) 맨 박스(Man Box)

인간은 본인을 가장 잘 안다는 큰 착각을 하며 평생을 살아간다. 내 몸은 내가 더 잘 안다며 병원 가기를 거부하는 대부분 사람처럼(대표적인 케이스가 우리 아버지이다. 당신의 아버지는 어떠한가?). 철학자들은 '나'라는 존재를 밝혀내기 위해 끝없이 고민하고 연구했다. 연구를 통해 '주체성'의 중요성이 강조되고 있는 사회에 이르렀다. 그렇다면 '남자'라는 종족은 어떤 존재일 것인가.

아주 흥미로운 책을 읽었다. 저자는 토니 포터, 제목은 『Breaking Out of the "Man Box"』, 국내 번역명은 『맨 박스』이다. 현재, 여성과 남성의 성별 갈등이 극에 달했다. 그동안 억압받았던 여성의 주체성이 강조된다는 것은 분명 긍정적인 흐름이지만, 반대로 이러한 시각과 관련된 여러 문제도 등장하고 있다. 이 책은 여성과 남성 모두가 겪는 문제가 결국 하나의 사회구조로 이루어져 있으며, 이 문제를 타파하기 위해서 사회구조의 피해자 겸 변화의 주체인 남성의 힘이 필요하다는 것을 주장하는 책이다. 저자의 국적을 고려했을 때 당연하게도 미국의 마초들을 겨냥하고 있지만, 여러 국가에서 확인되는 '남자다움'에 대한 이야기도 담고 있다. 책을 관통하는 세 가지 주제를 소개한다.

"오늘날 여성 문제는 대다수 남성이 악해서가 아니라 '맨 박스' 즉 남성이 남자답기 위해 여성을 타자화하는 방법으로 잘못 교육받았기 때문에 발생한 것이다."

"대부분 남성은 선하게 살아가려 하지만, 여성에게 고통을 주는 악한 사회화인 '맨 박스'를 묵인함으로써 간접적인 책임을 지게 된다."

"'맨 박스'에서 벗어나기 위해서는 남성들의 주체적인 노력이 필요하며, 선한 남성들이 연대하여 저항할 때 사회는 우리 딸들에게 더욱 행복한 곳이 될 것이다."

저자인 토니 포터는 '맨 박스'를 세대 간(아버지에게서 아들) 존속되는 특정한 남성성에 대한 총체적 사회문제라 설명한다. '맨 박스'는 한국 사회에서도 이어지고 있다. 누구나 받아 본 '남성성의 강요'가 '맨 박스'와 비슷한 개념이다. 이것은 아주 위험하여, 개념 자체로 가부장제가 전수되는 특징을 가지며, 남성이 여성 문제에 대해 생각하게 만들지 않는다. 이것이 고착되면 여성에게 잘못된 행동을 저지르는 남성을 만류할 생각을 하지 못한다.

토니 포터는 대부분 남자가 선하게 살아간다는 사실을 강조한다. 하지만 그 선한 남성이 여성이 겪는 고충에 신경 쓰지 못하게 하는 사회화 과정이 '맨 박스'라고 설명한다. 이 과정을 통해 남자는 성적 고정관념과 편견을 기르게 되고 마침내 남자의 자식에게까지 영향을 미친다. '맨 박스'의 영향을 받은 아버지는 자신의 딸이 울면 괜찮다며 달래 주지만, 아들이 운다면 화부터 낸다. 이것이 가장 일반적인 사례다. 1장에서 밝혔듯, 이러한 예시는 셀 수도 없이 많다.

"사내놈이 우냐!"
"고개 똑바로 들고 어깨 펴!"
"맞고 들어올 거면 차라리 때리고 들어와!"

우리 나이대엔 익숙한 문장들이다. 저자는 이러한 강요가 선한 남성에게 여성이 겪고 있는 문제를 외면하는 이유로 작용한다고 설명했다. 이것의 극복을 위해 아니라고 외칠 수 있는 용기가 필요하다고 밝혔다. 그것은 만들어진 '남성성'이 아닌, 나 자신의 '주체성'을 회복하는 방법이기도 했다.

(2) 즐거움이 아닌 두려움 때문에

사람들이 보통 쉽게 간과하는 것이 '남자는 모두 짐승', '남자는 너무 과격하고 단순해'와 같은 문장들이다. 사실 남자는 여성을 수단으로만 이용하고, 그들을 거칠게 다루는 존재가 아니다. 그렇다면 왜 이런 문장이 격언처럼 자리 잡게 되었을까. 한 가지 예시를 들어 본다.

"남자인 친구들 다섯 명이 바다로 여행을 떠났다. 해변에서 비키니를 입은 여성들이 맵시를 뽐내고 있다. 한 명이 시작하자 그들은 모두 곧 음담패설을 하기 시작했다."

이것은 그들이 진정으로 그 여성을 성적 대상으로 삼고 깎아내릴 의도가 아닐지도 모른다. 단지 그 대화에 끼지 못하면 같은 남성들에게 비난받을까 봐 두려워 그들과 똑같은 행동을 하는 것일 수도 있다. 누구나 쉽게 '남자끼리 이런 대화도 못 하냐?'와 같은 비난을 받는 것을 두려워하는 것이다. 모두 비슷한 경험을 해 봤을 거로 생각한다. 그러나 용기 내어 그 말과 행동은 잘못되었다고 주장했던 기억이 있는 이들은 드물 것이다.

여성을 존중하는 남자조차 '남자들의 세계'에서 버림받고 배척받는 것을 두려워한다. 이는 사회생활에서 중시되는 '소속감'과도 관련 있다. 누구나 자신이 속한 그룹을 등지는 행동을 하긴 두렵기 때문이다.

대부분 아버지는 아들을 남자답게 키우기 위해 엄청난 노력을 한다. 그것이 일종의 사명감이라고 생각하는 것이다. 아들이 남자답게 행동할수록 아버지는 자부심을 느낀다. 아들 또한 아버지와의 관계를 해치는 것에 두려움을 갖기에, 더더욱 남자답게 행동하려 노력한다. 이러한 일들은 우리 사회 너무나도 깊이 자리 잡고 있어 나 또한 살아가면서 아차 싶을 때가 많다.

남성성을 강요(?)받으며 자란 이들의 또 한 가지 특징은 그들이 느낄 수 있는 두려움 때문에 자신의 내면에 있는 진정한 주체성을 회복하지 못한다는 점이다.

(3) 머리가 아닌 몸에 이미 새겨진 그 이름, 남자다움

위에서 설명한 『맨 박스』의 저자 토니 포터가 TED 강연에서 했던 강의 중 일부를 발췌한다.

> "한번은, 열두 살짜리 미식축구선수 남자아이에게 물어봤습니다. '만약 코치가 다른 선수들 보는 앞에서 너한테 〈여자애처럼 공을 던진다〉라고 꾸중한다

면 어떨 것 같아?' 저는 그 녀석이 뭐 화가 난다, 슬프다, 돌아 버릴 것 같다, 이런 식으로 대답할 줄 알았습니다. 그런데 놀랍게도 녀석은 '죽어 버리고 싶을 거예요'라고 대답하더군요. 도대체 우리가 남자아이들에게 여자에 대해 가르치는 것이 뭐란 말입니까?"

남자가 강요받는 남성성의 핵심을 잘 짚어 낸 일화다. 사회가 강요하는 '남자다움'의 정의는 이처럼 불완전하고 부실하다. '누가 가장 남자다운 남자인가?'라는 질문에 대부분 수염 기르고 근육 많은 스포츠 선수나 배우를 지목하는 것도 같은 이유다. 남자들은 여자와 비교되는 것을 큰 수치로 생각하는데, 이 또한 잘못된 남자다움의 정의가 낳은 결과이다. 여자와 비교당한 남성은 자존심에 큰 상처를 입는다.

이러한 문제점은 여성에게까지 영향을 미친다. 또래의 아이들이 모여 있는 집단에서 남자가 잘 운다면 그에게 '울보'라는 별명을 붙여 준다. 친절하게 행동하는 남자들은 쉽게 배척당하고 무리에서 소외된다. 그러나 정말 중요한 것은 다수의 여자아이도 이런 행동을 하는 남자들을 괄시한다는 점이다.

우리 주위에도 이러한 '남자다움'의 강요로 인한 피해 사례를 여럿 확인할 수 있다. 몇 가지 예시를 들어 본다.

"한 남성의 회사에 새로운 직원이 들어왔다. 그가 근무하고 있던 출판사에서는 그 직원이 들어오기 전부터 이야기가 많았는데, 장신에 무척 미인인 것은 물론 집안 재력도 뛰어나 이곳에 그저 취미로 근무하려고 이직했다는 것이다. 그 여직원이 처음 출근하는 날, 남자는 심장이 뛰었다. 그녀에게 반한 것이 아니었다. 여직원은 남자인 본인보다 키가 한 뼘은 더 컸고, 빼어난 외모의 소유자였다. 남자와 같은 부서로 이직한 그녀는 자신의 상사인 남자에게 늘 친절했다. 그러나 남자는 그녀 앞에만 서면 불안해졌고, 계속 위축되었다. 다른 부서 직원들이 부하 직원보다 뒤떨어지는 상사라며 자신을 비난할 것이 두려웠다. 결국, 자신을 옭아맸던 남자는 이직을 결심하였다. 회사 안의 그 누구도 그의 행동을 이해하지 못했다."

일화 속 남자는 자신과 함께 근무하는 여성이 자신보다 육체적으로, 사회적으로 우월하다는 생각을 극복하지 못해 종국에는 이직을 결심하고 만다. 남자는 무조건 여자보다 많이 잘나야 하고, 언제나 여자를 이끌어야 한다는 강요를 받고 자란 사람이 분명했다. 또 하나의 예시를 소개한다.

"금실 좋은 부부가 있다. 그 부부는 둘 다 교사였으며, 함께 근무하고 있었다. 남자는 이렇다 할 문제들로 여자를 힘들게 하지 않았고, 여자도 꽤 순종적인 성격을 갖고 있었다. 그러던 어느 날, 주택에 사는 그들의 지붕에서 빗물이 새기 시작했다. 남자는 창고에서 공구를 가져와 수리를 시작했다. 과학 과목을 가르치던 그의 아내는 남자에게 과학적 원리를 설명하며 수리를 부탁했다. 그러나 남자는 끝까지 자신의 방식을 고집하였고 이는 곧 부부싸움으로 이어졌다."

남자들은 자신의 영역에 여자가 충고하고 조언하는 것에 대해 저항하라고 교육받은 듯 받아친다. 으레 남성이 할 법한 집수리, 운전, 스포츠에 있어 여자에게 간섭받는 것을 무척 싫어한다. 전문성 있는 여자의 조언임에도 말이다. 이는 편협한 사고를 갖게 되는 지름길이다.

거칠고, 침묵하며 모든 상황을 자신이 통제하는 남자다움이 도움이 되는 곳도 있다. 그러나 그것에만 집중하여 부드럽고 상냥한 남자를 배척하는 것은 어리석은 일이다. 남자도 때론 감정에 휩싸일 때도 있고, 나약한 모습을 비칠 때도 있다. 이를 위해 아버지들은 아들에게 '남자다움'의 새로운 시각을 심어 주어야 한다. 약해도 괜찮고, 패배해도 괜찮다. 때론 친절하고 다정하게 상대방에게 공감해 주고 싶다면 본인이 원하는 것을 해내는 것이 진정 멋진 남자라는 것을 설명해야 한다.

타인과 사회의 시선을 신경 쓰지 않고 나의 감정에 충실해 내면의 목소리를 내는 것이 더욱더 멋진 것임이 분명하기에.

(4) '내'가 살아가는 '나'의 인생

겨울이면 수족냉증이 또다시 나를 괴롭힌다. 추운 날씨에 꽁꽁 얼어 있던 두 손이 따뜻한 실내에 들어오면 땀이 나는 다한증으로 변한다. 겨울만 되면 발생하는 지병이었다. 젖은 손이 신경 쓰이는 겨울이 오면 잊고 있던 불안감이 떠오른다. 이번 연도에 나는 무엇을 이루었는지, 동년배들과 비교했을 때 뒤떨어지는 한 해를 보낸 것은 아닌지, 내 말과 행동으로 인해 나에게서 멀어져 간 사람이 있는지. 맑은 정신으로 새해를 맞이한 기억은 오래전의 일이다. 우리는 왜 항상 타인의 시선을 신경 쓰며 스트레스받는 것일까.

독일의 유명한 철학가이자 작가인 요한 볼프강 폰 괴테는 '주체성'에 대해 이렇게 설명했다.

> "인간은 연습과 훈련과 숙고를 통해, 성공이나 실패, 발전과 저항을 통해서 마땅한 연결과 관계를 무의식적으로 깨닫는 방법을 배운다. 이 과정에는 후천적인 습득과 직관적인 통찰이 동시에 필요하다. 그럼으로써 경이롭고 조화로운 통합이 일어난다. 이 세상은 혼란스러운 이론으로 가득하다. 나에게는 내 안의 힘, 내 안에 끈질기게 존재하는 힘을 최선의 방향으로 활용하는 것이, 내 고유의 개성을 장악하고 잃지

않는 것이 무엇보다 중요하다."

남자라는 이유로 받아야 하는 무게감을 존중한다. 제아무리 시대가 발전했다 하더라도, 우리 사회 깊게 뿌리내리고 있는 '남성성'의 존재가 사라진 것은 아니기 때문이다. 그 이유로 연말에 남자들이 한 해를 돌아보고 자괴감에 빠지는 것을 부정하지 않는다. 어쩌면 수많은 송년회와 신년회는 이러한 감정을 잊기 위해 만들어진 것은 아닐까. 내가 강조하고 싶은 것은, 연말이면 찾아오는 불안감과 자괴감을 온전히 받아들이는 것이다.

지인은 회사에서 승진해 축하 파티를 열었는데 나는 왜 제자리걸음인가. 하다못해, 지금 있는 위치에서 내려가지는 않을까. 가족들이 내 존재에 대한 불안감을 품지는 않을까. 겨울은 이러한 불안감에 휩싸이기 좋은 계절이다. 그러나 우리는 이런 감정을 외면한다. 내가 가진 불안감과 고통을 털어놓는 것은 마치 기사가 갑옷과 투구를 내려놓는 것과 같다고 생각한다. 혼자 추운 겨울을 고독하게 보내는 것이다. 가정이라는 곳에서 내 존재가 희미해질 것만 같고, 친구들과의 모임에서 내가 소외될 것 같아 '남자'는 그 어떤 곳에서도 한 해 동안 겪은 고충을 털어놓지 못한다.

그러나 앞서 지적했듯, 이는 남자다움의 정의가 불확실하고 부실하다는 증거이다. 가족과 모여 한 해 동안 있었던 경험을 토로하고 자신이 괴롭고 힘들었다면 겁내지 않고 눈물 한 방울 보이는 남자는 얼마나 솔직한가. 그 작은 용기를 내지 못해 친구들과 밤거리를 전전하며, 영양가 없는 이야기만 주고받고, 잔뜩 취해 집으로 들어와 큰소리치는 남편과는 비할 수 없다. 주체성이란 내가 가진 개성을 최대한 이용하고, 그것을 잃지 않고 보존하는 것이 가장 중요하다. 그러기 위해 우리가 지고 있는 마음의 짐을 잠시 내려놓는 태도가 필요하다.

나의 아버지도 늘 강해 보였지만, 가끔은 자신의 약함을 인정하셨다. 그분의 모습을 보며 나는 진정한 강함이란 약함을 숨기는 것이 아니라, 그것을 인정하고 성장의 발판으로 삼는 것임을 알게 되었다. 또한 아버지는 늘 "사람은 누구나 약해질 수 있다", "중요한 것은 그 약함을 통해 배우고, 더 나은 사람이 되는 것이다"라고 말씀하셨다. 그 가르침은 내가 삶에서 좌절을 마주할 때마다 큰 힘이 되었다.

이처럼 우리는 귀중한 한 생애를 살아가며 쫓겨날까 두려워하고, 보여 주기 식으로 인생을 살아가다 보면 종국에는 자신에 대한 패배감과 후회의 감정만을 느끼게 될 것이다. 과연 우리는 그것을 '남자다운 삶'이라고 부를 수 있을 것인가.

모든 면에서 완벽한 남자는 존재하지 않는다. 멋진 남자와 그렇지 않은 남자의 차이는 용기 내는 것에 달렸다. 조금 더 멋진 남자가 되기 위해서는 내면의 감정에 충실하고 나의 주체성을 표현함에 거침이 없어야 한다. 지금도 충분히 달려왔지만, 아직 더 노력할 수밖에 없는 것이다.

2

남자로
살아간다는 것

대 한 민 국   남 자   리 포 트

그래도 국방부 시계는 돌아간다

(1) 받들어총!

18세기 최고의 군사 전략가이며 한 시대를 풍미한 나폴레옹은 이렇게 말했다.

"제식은 곧 전투력이다."

제식이란 군인에게 있어 그 시작과 끝을 함께하는 것이다. 일반인을 강인한 군인으로 탈바꿈하는 데 필요한 절차이며 그 역사와 전통은 현재까지 이어지고 있다. 근대 이전의 전투에서 제식은 나폴레옹의 말처럼 정말 '전투력'이었다. 촘촘한 대열이 무너짐은 곧 패배를 의미했다. 현대의 전투는 화기의 발전으로 제식의 중요성이 떨어졌다. 뭉치는 것은 곧 죽음을 의미했기 때문에 제식과 대열보다는 은폐와 엄폐가 더 중시되었다. 하지만 처음 경험하는 집단생활에서 소속감을 느끼게 하고 대원을 조직의 일원으로 만들려고 한다면, 제식은 필수적이다. 가장 대표적인 예시가 바로 '경례'

다. 군예식령 제5조에 따른 경례의 의의를 소개한다.

"경례는 국가에 대한 충성의 표시 또는 군인 상호 간의 복종과 존중 및 전우애의 표시로서 행하는 예의이며, 이는 엄정한 군기를 상징하는 군 예절의 기본이 되는 동작이므로 항상 성의를 가지고 엄숙, 단정하게 행하여야 한다."

다양한 국가와 군종에 따른 각기 다른 경례법이 존재한다. 부대의 경례는 으레 그 부대의 목적을 나타내는 경우가 많으며, 육군은 '충성' 해군과 공군은 '필승'이라는 구호를 주로 사용한다.

한국계 미국인 가수 '스티브 유'라는 인물이 논쟁거리가 된 적이 있다. 오래전 그를 TV에서 보았던 기억이 난다. 1990년대 후반부터 2000년대 초반까지 한국에서 그의 인기는 상당했다. 연예인들을 잘 모르던 당시 세대 사람들도 '유승준'이라는 이름은 익숙할 테니, 대중적으로 굉장히 큰 영향력을 구가했다고 봐도 과언이 아니다. 그는 대중에게 자신은 이중 국적자이지만, 대한민국 국민의 일원으로 군 복무를 마치겠다고 당당히 선언하였다. 당대 최고의 인기를 구사하던 재미교포가 군대에 지원하겠다고 밝히자 그의 인기는 한층 더 높아졌다. 그러나 그는 미국 시민권을 취득하고 입영을 피했으며, 추방당해 아직도 대한민국에 입국하지 못하고 있다. 그는 최근까지도 한국으로부터 입국을 허가해 달라고 주장하고 있지만, 대중의 반응은 냉소적이다.

 이처럼 우리나라는 유독 '군대'에 대해 민감하다. 온갖 사건·사고가 터지는 연예계에서도 '병역 기피 연예인'과 관련된 문제가 터지면 대중은 민감하게 반응한다. 이것은 우리나라 남성 대부분이 2년간 군대에서 복무한 경험이 있기 때문일 것이다. 가족과 떨어져 낯선 환경에서 낯선 사람들과 동고동락하는 일은 결코 쉽지 않다. 물론 학교와 사회 등 인간은 다양한 공동체 생활을 경험한다. 하지만 어느 정도의 자의는 보장된다. 집으로 갈 수 없고, 나와 맞지 않는 사람들과도 한 방에서 먹고 자고 훈련하며, 입대 시기에 따라 신분이 갈리는 단체 생활은 누군가에겐 고통스러운 시간이다. 군필 남성들이 군대 얘기로만 밤을 새울 수 있는 것도 같은 맥락이다. 부대를 떠나 '군대 생활'이라는 2년 남짓한 시간은 남자들의 뇌리에 깊이 박혀 있다.

 그런 상황이니, 병역을 피한 이들에게 고운 시선을 보낼 수 없는 것은 어쩌면 그들이 남자로서 가져야 할 소속감과 책임감을 저버렸다는 사실 때문일지도 모르겠다. 우리는 같은 곳을 바라보며 오른손을 눈썹에 갖다 댔다. 멀리 있는 국가 대신 함께 있는 전우들에게서 책임감을 느끼고 나눴다. 그로 인해 힘든 시간을 견뎌 나갈 수 있었다. 병역을 피한 남자들은 결코 느낄 수 없는 경험이 아닌가.

나의 아버지는 군대에서 배운 국가에 대한 책임감을 가정과 사회로 확장하셨다. 그분의 삶은 언제나 국가와 가정을 위한 헌신으로 가득 차 있었다. 아버지는 항상 나에게 "국가는 나의 확장된 가족이다"라고 말씀하셨다. 그 말씀 속에는 아버지의 깊은 애국심과 책임감이 담겨 있었다. 나는 그 가르침을 통해, 나 자신과 더불어 타인에게도 책임을 지는 것이 얼마나 중요한지를 배웠다.

(2) 군화에 차이고 밟힌 청춘

시장 바닥 같은 보충대의 거리, 택시기사들의 호객 행위, 요즘 군대는 군대도 아니라는 기사의 얄미운 조언이 아직도 기억나고 있다. 가족과 눈물의 이별을 마치고 집합 장소로 뛰어갔다. 마지막으로 얼굴이라도 한 번 더 보여 드리고 입대할까. 다시 뒤를 돌아 어머니에게로 향했다. 어머니는 이미 소매로 눈을 가리고 펑펑 울고 계셨다. 나는 우는 모습을 보여 주고 싶지 않아 뒤도 돌아보지 않고 장소로 뛰었다. 높으신 분의 연설이 이어지고 연병장 스탠드를 향해 누가 누구랄 것도 없는 인사를 주고받았다.

"잘 다녀와!"
"다치지 말고."
"사랑한다, 아들아!"

일행이 모두 훈련소를 떠나고 조교들의 목소리가 들려오기 시작했다. 당연하게도 모든 문장을 쌍욕으로 시작했다. '4열 종대'가 무슨 뜻인지, '엎어!'라는 명령이 무슨 의미인지도 알지 못했다. 설명하면 될 일을 욕지거리와 얼차려로 대신했다. 지금 생각해 보면 그것도 그들의 역할이었으리라. 사회와 군대를 구분 짓는 데 필요한 과정이었을 것이다. 이모부가 소장이라며 오른손을 당당하게 올린 녀석이 조교에게 불려 나갔을 때는 어찌나 부럽던지. 아득한 추억이다.

군대에서 애국심을 고취하여 사회에 나왔냐고 묻는다면, 쉽게 대답하지 못하겠다. 2년 동안 수없이 행했던 경례는 누구를 위해 했던 것인가. 많은 이들이 공감할 것이다. 사실 특수 부대처럼 특수한 부대를 제외하고 군대는 대부분 비슷하다. 돌이켜 보면 좋은 추억이면서 동시에 잊고 싶은 기억이기 때문이다.

중대장이 있거나 말거나 올려 치는 따귀, 매일 군화로 맞은 탓에 부어오른 정강이가 쓰렸다. 조리 직책을 맡았던 동기는 일과가 끝나고 입에다 설탕, 간장, 소금을 들이붓는 경험을 버텼다고 했다.

한참 가혹 행위와 구타가 당연시되고 있던 시대, 군에 입대해 몸과 마음이 상하고, 선임자가 되어 악습을 철폐하려 하니 후임들은 만만한 선임이라며 무시하기 일쑤였다. 마음먹고 전역이나 하고

자 조용히 생활하면 없는 사람 취급하고, 친한 후임 몇 명만 눈물 흘려 주는 게 전부였다. 그림에 소질이 있는 동기는 개인 정비 시간에 벽화를 칠했고, 국문과를 졸업한 녀석은 밤새 선임들의 연애 편지를 써 주었다. 번번이 돌아오는 경계 근무에 밤잠을 설쳐도, 오전 6시면 기상해 남들과 똑같은 훈련을 받아야 했다. 그 시절에는 애인 때문에 탈영했던 사람도 꽤 많았던 것으로 기억한다. 최악의 상황에 마지막으로 의지할 한 줄기 빛인 까닭이었을까.

현대에 이르러 병영 문화가 많이 개선되었다는 뉴스를 가끔 접한다. 구타와 가혹 행위의 근절과 선·후임 간의 건강한 관계를 유지하기 위해 많이 노력한다는 내용이 주를 이룬다. 일과가 끝나고 개인 휴대전화를 쓸 수 있는 것은 물론, 복무 기간도 대폭(2년에서 1년 9개월, 1년 9개월에서 또 1년 6개월은 큰 단축이다.) 단축되었다고 한다. 긍정적인 소식임이 틀림없다. 그러나 조건이 좋아지고, 복무 환경이 좋아졌다고 해서 현대의 장병들이 10~20년 전 장병들보다 애국심이 고취되었느냐 묻는다면 열에 아홉은 고개를 갸웃거릴 것이다.

"대한민국 국민인 남성은 헌법과 이 법에서 정하는 바에 따라 병역의무를 성실히 수행하여야 한다."

병역법 제3조 1항의 내용이다. 한국에서 징병제는 1951년부터 시행되었다. 헌법에 따라 18세 이상의 대한민국 남자에게 부여되는 의무이다. 한국의 징병제는 올해로 시행한 지 70년이 되었다. 군대를 청춘의 무덤이라 부르는 이들도 존재한다. 자신이 가고 싶어 한다면 상관없다. 모병제를 택한 나라들은 군인에 대한 실질적, 금전적 처우가 좋고, 시민들의 인식 또한 좋다. 하지만 우리나라는 어떠한가? '군인은 사람이 아니다', '땅개' 등 모욕적인 어휘를 무의식 중 사용하는 이들이 많다. 군부대가 있는 근처 동네에서는 군인들을 상대로 6천 원짜리 국밥을 8천 원, 1만 원 넘게 바가지를 씌워 받는다. 징병제에, 처우까지 안 좋으니 군대 안에 모인 병사들의 분위기가 좋을 리 없다.

애국심은 신병교육대에서 끝난다는 우스갯소리가 있다. 말도 안 되는 얘기다. 머리를 박박 깎고 훈련소에서 시대 지난 정훈교육이니, 우리의 결의니 외우기 전에도 애국심은 고취되지 않는다. 인간은 환경에 적응하고 그 환경에 따라 변화하는 동물이다. 긍정적인 상황이라면 누구나 선인이 될 수 있다. 군대 안에서 언론에 알려지지 않은 사건, 사고가 많이 일어나는 이유도 그것이다. 그렇다면 과연 우리, 남자가 보낸 1년 하고도 또 얼마쯤 되는 시간은 무의미했던 것일까?

(3) 10억을 받고 내일 당장 입대, 당신의 선택은?

온라인 커뮤니티, 그중에서도 남자 사용자가 많은 스포츠나 게임 커뮤니티에는 주기적으로 등장하는 핫한 주제 중 하나가 바로 '10억을 준다면 내일 당장 군대에 다시 갈 수 있느냐' 하는 것이다. 다시 떠올려도 숨이 턱 막히고 얻는 것 하나 없이 고생만 잔뜩 하고 나온 것 같은 군대, 10억 원이라면 다시 할 만한 가치가 있는 것일까?

한국은 세계 유일의 분단국가이다. 대한민국 남자라면 한 명도 빠짐없이 군대를 다녀와야 하는 가장 큰 이유다. 그곳에서 보낸 2년이라는 시간은 꽤 큰 시간임이 분명했다. 자기개발을 할 수 있는 시간이기도 했고, 해외 구석구석 여행을 다녀와도 충분한 시간이었다. 전문직을 위한 공부도 도전해 볼 수 있는 시간과 나이였다. 이토록 귀중한 20대의 시간을 '군대'라는 공간에서 허비했다고 느끼는 이들이 많을 것이다. 차라리 그 시간에 '무언가를 했었더라면……' 후회하는 이들도 있을 수 있다. 많은 아픔과 시련이 있었지만, 우리는 그 안에서 분명히 무언가를 배워 사회로 나왔다. 몇 가지를 소개한다.

"1등부터 10등까지만 열외로 한다. 철봉까지 선착순 실시!"

좋든 싫든 빠른 자가 승리한다. 지옥 같은 선착순을 통해 느낀 점이다. 40kg은 거뜬히 나갈 군장을 메고 철봉까지 뛰어야 하는 선착순 달리기는 죽을 맛이다. 보통 10명 단위로 열외를 시킨다. 열외자들은 엎드려뻗쳐 자세를 취한 뒤 달리는 동기들을 바라보았다. 편히 쉬는 것은 아니었지만, 달리기보단 나았다. '몇 번 하고 끝내 주겠지'라는 바람은 통하지 않았다. 숨이 턱끝까지 차오르고 입에서는 씁쓸한 피 맛이 나기 시작한다. 오직 앞으로 나아가야지만, 다음 순번에 들 확률을 높일 수 있었다. 허파가 터질 것 같아도 첫 번째 선착순에 열외가 되어야 한다. 만일 그 타이밍을 놓친다면 계속해서 추월당한다. 이유는 간단하다. 초반에 무리하여 지쳤기 때문이다.

이토록 잔인한 선착순 달리기는 사회와 닮았다. 뭐든 빨라야 승리하고 인정받을 수 있었다. 그 타이밍을 잡기 위해 수많은 노력을 기울이는 것이다. 앞으로 달려가는 것에만 집중해 타이밍을 놓친다면, 뒤에 있는 이들에게 계속해서 추월당할 것이다. 큰 노력과 준비된 태도, 경험, 연륜 모든 것을 종합해 '첫 순번' 안에 드는 것이 가장 중요한 일이었다. 군대에서 한 걸음 빠르게 배운 요령이었다.

"아무개 상병님, 근무 나갈 시간입니다."

매 순간 피로한 군대에서 야간 근무를 선다는 것은 무척 힘든 일이다. 여름이면 숲 모기들의 공격을 버텨 내야 했고, 겨울이면 차가운 칼바람과 맞서 싸워야 했다. 가끔 나오는 간부들의 순찰이 무서워 잔꾀를 부릴 수도 없었다. 잠깐 근무를 선다고 따로 쉴 시간을 주는 것도 아니었다. 남들은 편히 잠든 시간에 왜 나만 이렇게 고생을 해야 할까, 하는 생각도 하곤 했었다. 환한 달빛 아래 감성에 젖은 날도 있었다. 신병 교육을 받을 시절 교육 대장이 했던 연설이 떠올랐다. 힘들 때면 달을 쳐다보라고 말했다. 내가 사랑하는 사람과 멀리 떨어져 있지만, 그들 또한 너와 같은 달을 쳐다보고 있을 것이라는 말이었다. 그 당시는 육체적으로 너무 힘들어 귓등으로도 듣지 않았던 흔한 위로였다. 하지만 근무를 설 때면 교육대장의 그 말이 계속 귓가에 맴돌았다.

부대원들이 곤히 잠들 수 있는 것은 어쩌면 잠을 포기한 나의 경계 근무 때문일 수도 있었겠다. 나 또한 다른 이들의 근무로 인해 발 뻗고 푹 잘 수 있었다. 부대원을 넘어, 그것은 나의 소중한 사람을 지키기 위한 희생이기도 했다. 겨우 2시간 새벽바람을 맞으며 버텨야 하는 근무로 인해 많은 이들이 편안하게 잠들 수 있다면, 수지맞는 장사가 아닐 것인가. 사회에서도 마찬가지다. 우리는 숭고한 희생정신에 대해 이미 알고 사회로 나온 것일지도 모른다. 소중한 이들을 지키기 위해 우리의 편의를 조금 희생하는 것에 의연해졌다. 남을 위하는 마음을 배우는 것이 가장 힘들다고 했던가. 군대에서의 경험이 없었더라면 그것을 배우는 데 아마 오랜 시간이 걸렸을 것이다.

"부대 차렷! 전역자들을 향해 경례!"

시간은 내 옆을 지나가는 풍경처럼 잡아 둘 수 없다는 사실을 알게 된다. 사소한 트집을 잡아 매일 폭언과 구타를 일삼았던 선임, 이등병 시절, 나에게 다가와 몰래 어머니와 통화할 수 있도록 배려해 준 선임, 사법 고시를 볼 것이라며 내무반에서 공부만 했던 선임 모두 전역식을 하고 사회로 복귀했다. 시간은 계속해서 흘러 내 맞선임이 전역했던 날엔 눈물이 왜 그렇게 났던지. 그와 함께했던 추억이 아득했다. 혼나도 함께 혼났고, 계급이 좀 찼을 때는 함께 일탈도 몇 번 했었다. 별것 아닌 일에도 함께 웃고 괴로워했던 이가 떠난다니, 나도 전역이 코앞이지만, 눈물이 흘렀다.

우리는 인생을 살아가면서 가장 중요한 가치 중 하나인 '시간'에 대해 배워 사회로 나온다. 그것은 '있는' 것이 아닌 '만들어 내는' 것이다. 또한, 내 옆을 떠나지 못하게 붙잡아도 흘러가는 것이라는 것을 알게 된다. 사회에서 가장 중요한 '시간 관리'에 대한 예행연습을 하고 온 것이다.

(4) 남는 건 사진뿐이다? 아니다, 몸만 남는다!

행군을 한 번이라도 해 본 남자는 알 것이다. 고지가 가까울수록 숨이 가빠진다는 사실을. 그동안 달려온 거리가 무색하게 팅팅 부어오른 군화를 벗고 그대로 주저앉아 쉬고 싶은 욕망에 휩싸인다. 그러나 그 누구도 포기하는 이는 없다. 기이한 에너지가 피로한 발걸음을 계속하게 만든다. 포기하지 않으려는 마음을 증명해 줄 수 있는 '체력'이 단련된 탓이다.

일반인이 특수 부대의 훈련을 체험한다는 「가짜사나이」가 인터넷을 뜨겁게 달궜다. 전직 UDT 출신의 간부들이 일반인을 대상으로 여러 훈련을 진행한다는 것이 가장 큰 특징이다. 한국 남자 대부분이 경험한 '군대'를 매개로 훈련에 대해 솔직하고 때로는 적나라하게 표현한 모습이 대중을 열광하게 했다. 나도 몇 개의 에피소드는 꽤 인상 깊게 보았다.

「가짜사나이」 속 간부들은 군인들에게 '정신력의 중요성'을 강조한다. 정신이 육체를 지배한다며 그들을 격려하고 교육한다. 프로그램의 중반에서 한 교육생이 자신의 체력이 부족해 눈물을 흘리며 포기하는 장면이 나온다. 그는 끝까지 훈련을 소화할 강한 정신력의 소유자였지만, 자신의 체력이 따라 주지 않아 결국 훈련을 포기한 것이다. 억울함에 눈물을 뚝뚝 흘리는 그의 모습이 안타까웠다.

이처럼 자신이 중요하게 생각하는 목표를 향해 달려갈 때 중요한 것들이 많을지라도, 체력은 항상 그 기본 바탕이 되어 준다. 공부하는 준비생도 그렇고, 회사원, 사업가, 한 가정의 아버지까지.

체력은 자신이 원하는 것을 이루게 해 줄 가장 기본적인 요소이다. 내 소망을 이루기 위한 노력이 '체력'에 발목 잡힌다면 얼마나 허무하고 서글플 것인가. '체력은 국력이다'라는 말은 산업 발달 시절, 사람의 힘이 노동력 대부분을 차지했고, 그것이 곧 생산력으로 이어졌기에 유행할 수 있었던 표어다. 시간이 흘러 이러한 구호는 우리에게 많이 잊혔지만, 세월과 관계없이 '체력'은 나 자신을 구원할 여러 가지 방법의 원동력임을 부정할 수 없다.

구보와 함께 시작하는 아침이 '군대'의 가장 큰 특징이다. 정신력이 체력을 지배한다는 말도 틀린 말은 아니지만, 정신력을 뒷받침할 최소한의 체력이 필요한 것 또한 사실이다. 평소 운동을 접하지 못한 남자들은 군대에 와서 생각보다 높은 난도의 구보에 힘들어한다. 하지만 사람은 적응의 동물이라 했던가. 이내 적응하게 되고 그 과정에서 신체는 단련되기 마련이다. 단련된 신체는 일차적으로 내가 원하는 것을 지치지 않고 헤쳐 나갈 수 있게 해 주며, 두 번째로 소중한 사람을 지킬 수 있는 든든한 원동력이 되어 준다. 예비군이 끝난 지 몇십 년이 흘렀지만, 내일 아침은 동네라도 한 바퀴 뛰어 보는 것은 어떨까. 오랜만에 뛰는 구보에 숨은 턱턱 막혀도 마음은 한결 가벼울 것이다.

(5) 잘 참았어, 오늘도

하루 일과를 마치고 집에 가는 버스나 지하철을 탄 직장인들에게 청량하면서도 따뜻한 목소리로 위로의 메시지를 전해 주는 가수 옥상달빛의 「수고했어, 오늘도」라는 노래는 비단 가수를 모른다고 해도 퇴근길에 있는 사람이라면 누구나 공감하게 되는 가사를 들려준다. 하지만 만약 내가 군대에 있을 때 이 노래를 알았다면 하루 일과를 마치면서 나는 스스로에게 이렇게 말해 줬을 것이다. "잘 참았어, 오늘도."

영국의 보수주의 정치가 에드먼드 버크는 '힘보다 인내심으로 더 큰 일을 이룰 수 있다'라고 말했다. 나이가 들어 가며 '인내심'의 의미는 더욱 강조된다. 젊은 시절의 열정과 패기도 좋지만, 경험을 통해 언제나 나의 뜻대로 할 수 없다는 것을 깨닫는다. 참을 인(忍)과 관련된 일화를 소개한다.

"여러 명의 제자를 거느린 스승이 있었다. 그중 한 제자가 무척 골칫덩이였다. 다른 제자에 비해 현명하고 이해력이 높아 스승의 가르침을 금세 습득하는 뛰어난 제자였지만, 한 가지 큰 문제점이 있었다. 술을 마시면 금세 흥분하고 자제하지 못하는 품성을 지녀 다른 사람과 툭하면 주먹 다툼을 일으키는 것이었다. 고민하던 스승은 어느 날 제자를 불러 나무 상자 하나를 제자에게 맡겼다. 스승은 제자에게 상자 안에는 오래전부터 우리 가문 대대로 내려오는 도자기가 들어 있다고 설명했다. 뒤이어 너는 내가 가장 믿고 아끼는 제자이니 한 달 동안 그 도자기 상자를 몸에서 떼어 놓지 말라고 당부했다. 존경하는 스승의 보물을 보관하게 된 제자는 한 달 후 다시 스승에게 도자기를 돌려주었다. 스승은 제자에게 최근 한 달 동안은 술자리에서 시비가 붙어도 한 번도 싸우지 않고 참았던 연유를 물었다. 제자는 행여 싸움이 벌어지면 품속에 보관하는 스승님의 보물이 깨질까 두려워 도저히 화를 낼 수 없었다고 말했다. 스승은 제자에게 참을 인(忍)을 종이에 크게 써 주며 말했다. 칼날 인(刃)자 밑에 마음 심(心)자가 놓여 있다. 너의 마음속에는 이 도자기를 보관한 상자보다 훨씬 무겁고 날카로운 칼날이 있다. 이러고도 네가 깨닫지 못한다면 그 칼날이 너를 심하게 찌를 날이 찾아올 것이다."

군대는 가만히 있기만 해도 숨이 막혀 오는 곳이다. 그 안에서 온갖 훈련과 근무, 인간관계까지 유지하는 것은 무척 어려운 일이다. 당연하게도 그 안에서 육체적인 능력인 '체력'과 더불어 정신적인 힘, 즉 '참을성'도 기르게 된다.

'참을성'을 습득해 사회로 나오게 된 것은 입대 전의 자신과 비교했을 때 굉장한 성장임이 틀림없다. 그것은 군대가 아니면 배우기 힘든 인내의 한계점이라 비유할 수 있으리라. 폐쇄적이고 통제적인 군대에서 나의 자유를 만끽하는 것은 힘들다. 방법이 전혀 없는 건 아니지만, 그런 행동에 온전히 책임을 져야 한다. 가령 나보다 계급이 높은 사람에게 핀잔을 듣는 것이 싫어 참지 못하고 반항한다면, 군법을 위반하는 행위이자 '문제 병사'로 낙인찍힐 것이다. 또 새벽부터 종일 반복되는 제설 작업을 떠올려 보자. 계급도 꽤 찼겠다, 귀찮고 졸려 제설 작업에 나가지 않을 수도 있다. 그러나 내가 빠진 자리는 누군가가 대신해야 할 것이며, 그만큼 작업의 진전 속도가 더뎌질 것이다. 이처럼 '참을성'은 '책임감'과도 그 맥락을 같이한다. 둘 다 사회생활에서 더없이 중요한 덕목이며, 필수적으로 갖춰야 하는 능력이다.

"내가 군대에서는 더한 일도 했었는데 이따위 거 못 하겠어?"

군필자들은 살면서 한 번쯤 되뇌어 본 기억이 있을 것이다. 불합리함과 부조리하다면 내려놓고 다른 곳으로 갈 수 있지만, 벗어날 수 없는 곳이 군대이다. 온갖 부조리와 불합리를 경험하며 저절로 '참을성'이 길러진다. 이는 '체력'과 마찬가지로 나 자신의 개발과 본인의 소중한 이들을 지키는 데 필요한 능력이다. 체력이 육체적이고 물리적인 힘이라면, '참을성'은 정신적인 힘이다.

이처럼 우리는 '군대'라는 장소에서 다양한 것을 배울 수 있다. 그 시간을 어떻게 받아들이고, 배운 능력을 사회에서 어떻게 활용할 것인지는 온전히 개인의 문제이다.

청춘을 바쳐야 할 곳은 군대뿐이 아니다

(1) 청춘 예찬

우리에게 너무나도 유명한 수필의 한 구절을 소개한다. 민태원의 『청춘 예찬』 중 일부다.

> "청춘! 이는 듣기만 하여도 가슴이 설레는 말이다. 청춘! 너의 두 손을 가슴에 대고 물방아 같은 심장의 고동을 들어보라. 청춘의 피는 끓는다. 끓는 피에 뛰노는 심장은 거선의 기관과 같이 힘 있다.
>
> (중략)
>
> 인간의 동산에는 사랑의 풀이 돋고, 이상의 꽃이 피고, 희망의 놀이 뜨고, 열락의 새가 운다."

청춘은 그의 수필의 문장처럼 듣기만 해도 가슴 설레는 말이다.

물불 가리지 않고 달려드는 무모함이 용서되는 시기다. 정방향으로 달려가다 잠시 샛길로 새는 것도 허용된다. 잠시 방황하고 아프면 또 어떤가. 가난해도 튼튼한 두 다리가 있고, 커다란 배낭과 청바지만 있다면 못 갈 곳이 없었다. 이처럼 청춘은 피가 끓어오르는 시기임이 틀림없다. 그러나 민태원이 밝힌바, "이성은 투명하되 얼음과 같고, 지혜는 날카로우나 갑 속에 든 칼"처럼 불안정한 시기이기도 하다.

시작이 반이고, 첫 직장이 평생을 결정한다는 말이 있다. 그만큼 무엇이든 처음이 중요하다는 뜻이다. 고등 교육 과정과 가정의 보호를 받고 세상에 처음 발을 디딘 청춘은 그 자체로도 아름다운 시기이지만, 무척 중요한 시기이기도 했다. 나이가 들어 감에 따라 자신의 행동에 책임을 져야 하는 것은 물론, 내가 책임져야 할 사람이 늘어나게 된다. 그 과정은 달콤한 청춘과는 정반대에 있는 어려움이다. 그것을 세월의 풍파라고 말하는 사람도 있고 시련이라고 말하는 사람도 있다. 그 모진 것들을 견뎌 내기 위한 초석을 다질 수 있는 시기가 바로 '청춘'이다. 내가 사랑하는 것을 지키기 이전에 나 자신을 지킬 수 있어야 한다. 청춘을 바쳐야 하는 곳은 군대만이 아니다. 몇 가지 사례와 방법을 통해 현명한 청춘을 살아가는 방법을 소개하려 한다.

(2) 세 살 버릇은 안 가도 스무 살 건강은 여든까지 간다

청춘의 가장 큰 무기 중 하나는 지치지 않는 체력이다. 밤을 꼬박 새워도 아침 식사로 밥 두 공기를 해치우고 추운 날씨에도 차가운 음료를 마실 수 있다. 인간이 살아가면서 가장 이상적인 육체를 유지하는 시기는 이십 대의 청춘이다. 그들은 대부분 본인의 건강을 걱정하지 않는다. 몸에 무리가 와도 언제 그랬냐는 듯 다음 날이면 통증이 가시고, 몸이 전하는 이상 신호를 느낀 적도 없기 때문이다. 하지만 여러 관련 연구를 통해 20대의 건강이 평생 건강을 좌우한다는 사실을 알 수 있다. 노스웨스턴대학교의 연구 자료를 첨부한다.

> "20대의 건강한 생활 습관은 중년이 됐을 때
> 심장 관련 질환으로 고생할 확률을 낮춘다.
> 연구진은 20대에 다섯 가지 건강 지표를 꾸준히 관리한 사람들이
> 나이가 들어서도 건강을 유지할 확률이 높았다고 밝혔다.
> 다섯 가지 지표는 낮은 체질량 지수, 술 너무 많이 마시지 않기,
> 담배 피우지 않기, 건강한 식습관, 그리고 꾸준한 운동이다."

누구나 무모했던 청춘의 기억이 있을 것이다.

(3) 노력과 놀이 사이

몇 년 전 'YOLO족'이 큰 유행이었다. '욜로'는 'You Only Live Once'의 약자로 '인생은 단 한 번뿐'이라는 뜻이다. 북미권에서 시작된 이 운동은 '현재를 즐겨라!'라는 '카르페디엠(Carpe diem)'이라는 단어와도 비슷하지만, 그보다 더 급진적이다. 힘든 시대를 살아가고 있는 현세대와 절묘하게 맞물려 우리나라에서도 큰 인기를 끌었다. 불확실한 미래를 위해 노력하기보단 그 노력을 포기하고 현재의 삶에서 최대한 즐거움을 추구하자는 명목이다. 그들은 주택 마련을 위한 저축이나 노후대비와 같은 문제에 신경 쓰지 않고 해외여행과 다양한 상품의 소비에 집중하는 경향을 보인다.

'욜로'에 대한 해석은 세대별로 다양할 수 있다. 극히 주관적인 견해를 밝히자면, 이것은 양날의 칼과 같이 긍정적인 측면과 부정적인 측면을 함께 가졌다. 젊은 시절 다양한 경험을 쌓는 것은 무척 중요하다. 해외여행을 통해 견문을 넓히는 것이 가장 대중적인 방법이리라. 또한, 젊은 시절은 미래에 대한 불확실함에 걱정으로 밤을 지새우는 시기이기도 했다. 그것을 극복하기 위해 새로운 취미를 갖는다든가, 좋아하는 물품을 사는 것은 매우 건전한 방법이다. 술과 담배로 해결하는 것보다는 훨씬 나은 방법이다.

그러나 너무 이러한 측면에만 기울어 미래를 대비하지 않는다면, 그 책임은 오로지 미래의 내가 감당해야 할 것이다. 순간의 기쁨은 있을지언정 그 안에는 '단계'가 없다. 온전한 나의 노력과 시간이 투자되지 않은 인생을 나의 인생이라고 자랑스럽게 이야기할 수 있을까? '욜로'의 긍정적인 측면을 지향하되 항상 부정적인 측면 또한 경계해야 할 것이다.

미래를 위한 '단계'의 시작은 '계획'이다. 그러나 계획을 짜는 습관을 기르기는 어렵다. 나이가 들어 감에 따라 여유 시간도 없고, 새로운 계획을 짜는 것보단, 이미 짜여 있는 계획을 수행해야 하기 때문이다. 이러한 맥락에서 젊은 나이에는 계획을 짜는 습관을 기르기 좋은 시절이다. 청춘의 계획이란 학창 시절 경험했던 방학 계획표가 아니다. 이제 더 큰 사회로 나가기 위한 발걸음을 만드는 것이다.

자각만 하고 있어도 행동은 바뀌기 마련이다. 큰 틀을 세우는 것부터 시작해야 한다. 다음 해에 졸업을 앞둔 대학생이라면 내년에는 어떤 일을 할 것이냐는 질문에서 시작하는 것이다. 이상과 현실의 거리를 맞추고 해야 한다면 깊은 고민도 해야 할 것이다. 최적의 상황에 맞는 답변을 위해 노력해야 한다. 답변이 나왔다면, 세부적인 달의 계획을 짜고, 일간 계획표로 이어져 목표를 구체화해야 한다. 플래너와 일기를 활용하는 법도 좋은 방법의 하나다. 처음에는 어렵겠지만 계획표를 작성하는 습관이 길러진다면 잠시 길을 잃어도 정방향으로 안내해 주는 나침반이 되어 줄 것이다.

계획했다면, 실천해야 한다. 노력 없이 얻어지는 요행은 없다.

"불타는 청춘을 이렇게 보내야 하는가?"

회의감이 찾아올 때도 있을 것이다. 주위에서 즐겁게 인생을 즐기는 친구들이 부럽기도 하고 왜 나만 이런 고통을 감내해야 하냐며 불평할 수도 있다. 본래 청춘은 아름다운 만큼 미숙하여 다른 유혹에 빠지기 쉽다. 요행은 없어도 '노력'과 '놀이'를 적당하게 조합하는 요령은 필요하리라. 청춘을 온전히 갈아 넣을 필요는 없다. 나의 꿈을 위해 필요한 만큼의 노력이 요구되는 것이다. 그 정도의 노력도 피하고 외면하는 것을 청춘의 참모습이라고 말할 수 있는 이는 없다. 나의 인생은 내가 살아가는 것이다. 내가 준비되어 있지 않다면 나의 인생을 누가 이끌어 줄 것인가.

노력에 놀이는 빠질 수 없다. 그것은 사막에 있는 오아시스처럼 힘들게 달리고 있는 우리의 목을 축여 줄 것이다. 그러나 목을 축인 뒤에는 다시 이동해야 한다. 오아시스에만 머물러서는 안 된다. 지금은 시원하고 천국 같은 공간이지만, 언젠가는 쨍쨍한 태양 아래 말라 갈 것이 분명하기 때문이다.

(4) 알려 주는 이는 아무도 없다

며칠 전 지인의 딸이 울면서 전화를 걸었다고 했다. 대학교 3학년에 재학 중인 지인의 딸은 몇 달 전부터 꿈에 그리던 독립을 시작했다. 그동안 학교 근처에 자취를 시켜 달라는 투쟁에 지친 지인의 큰 결단이었다. 사촌 동생과 함께 사는 것을 조건으로 지인은 자취방을 얻어 주었다. 은평구에 있는 자취방은 연식은 오래되어도 리모델링을 깔끔하게 해 놓아 둘이 살긴 제법 괜찮았다고 한다.

처음 몇 달간 딸은 무척이나 행복한 것 같았다. 지인에게 전화도 자주 걸었고 가끔 나와 사니 아버지 생각이 난다는 기특한 소리도 해 주었다고 한다. 지인의 가족은 딸 걱정에 김치부터 냉동식품까지 잔뜩 보내 주었다. 나가 사는 것이 얼마나 힘든 일이고 또 낯선 일인지 알고 있었던 까닭이다.

"아빠, 건강 공단에서 무슨 우편물이 왔어."
"엄마, 도시가스는 어떻게 설치하는 거야?"
"전기세 내려면 어디에 전화를 걸어야 해?"
"양파랑 마늘은 어디에 보관해야 안 썩어?"

처음 독립을 시작한 딸은 궁금한 것이 너무 많았다. 가족들이 당연히 해 주었던 것들을 혼자서 해내려니 복잡하고 힘들었을 것이다. 자취방을 얻은 것에서 그치는 것이 아니고, 전입신고와 확정일자를 받아야 했다. 가스요금과 전기세를 자기 명의로 신청해야 하는 과정이 낯설었을 것이다. 요리는 어떻게 해야 하는지 음식은 얼마나 사 두어야 하는지 요령도 몰라 하루가 멀다고 지인의 가족에게 전화를 걸었다고 했다.

지인이 딸이 울면서 전화를 걸었던 것은 며칠 전의 일이다. 자취방의 수도가 얼어, 지인의 딸은 별생각 없이 관리인에게 전하고 아르바이트를 떠났다. 그날따라 유난히 가족이 그리웠는지 아르바이트가 끝나고 본가로 가는 열차에 몸을 실었다. 그러나 집의 수도관이 터져 집이 온통 물바다가 되었다는 소식을 듣고 곧장 자취방으로 되돌아왔다. 집은 온통 물바다가 되어 있었고, 모든 가구와 옷가지들이 젖어 있었다고 한다. 몇 시간 동안 방을 청소하고 너무 서러운 마음에 지인에게 전화를 걸었다는 것이다. 지인은 네 잘못이 아니라고 말해 줬지만, 마음이 매우 쓰렸다고 한다.

청춘의 로망 중 하나는 '독립'일 것이다. 나만의 공간에서 타인의 간섭 없이 자유를 누리는 것은 얼마나 좋은 일인가. 그러나 평생을 가족과 함께 살다가 떨어지는 것은 쉬운 일이 아니다. 하나부터 열까지 나 스스로 해결해야 하는 일이 태산이다. 자유에는 그만한 책임이 따른다는 사실을 처음 깨닫는 순간이다.

언제까지나 부모에게 전화를 걸어 해결책을 들을 수는 없다. 자신의 보험, 직장, 연금, 재테크에 대해 시간을 투자해야 한다. 그 과정이 낯설고 귀찮을지라도 스스로 해야 하는 일이다.

국세청 사이트인 '홈택스'에 가입해 내가 받을 수 있는 지원금과 내야 하는 세금을 알아보고, 때로는 '한국토지주택공사' 홈페이지에 접속해 분양 계획에 대한 정보도 살펴보아야 한다. 20대도 건강검진이 가능해진다는 정책을 알고 있다면 신청하고, 미래의 건강을 위해 보험과 관련된 쉽고 다양한 앱을 이용하는 것도 좋은 방법이다.

돈을 관리하는 법 또한 중요하게 생각해야 하는 문제이다. 덮어놓고 쓰다 보면 중요한 순간에 돈이 없어 난감한 상황이 발생할 것이다. 목돈은 생각보다 필요한 경우가 흔하다. 이사할 때의 보증금을 생각지 못해 계약금을 날린 청년도 본 기억이 있다. 임대차와 기본적인 금융적 지식 또한 익혀 두어야 한다. '돈 쓰는 습관'은 한 번 익숙해지면 바꾸기 쉽지 않다. 젊은 시절부터 알뜰하고 꼼꼼한 금전 관리 전략을 세워 두어야 한다.

정부에서 시행하는 여러 복지 정책들도 알아보고 나는 무슨 혜택을 받을 수 있는지 찾아보는 습관도 필요하다. 타인에게 물어보기 전에 스스로 알아보고 고민하는 것. 그것이 청년과 미성년자를 구분하는 하나의 기준이 되기도 한다.

내 인생은 그 누구도 대신 살아 주지 않는다. 유익한 정보를 통해 삶을 더 윤택하게 만드는 것은 오직 나만 할 수 있는 일이다. 그 누구도 나에게 알려 주지 않는다. 책임감을 느끼고 내 삶을 위해 능동적인 사고와 행동을 하는 것 또한 청춘 때 길러야 하는 중요한 능력 중 하나다.

(5) 수신제가치국평천하(修身齊家治國平天下)

부모에게 꾸지람을 들었다고 부모를 폭행한 자식, 매달 최대치를 갱신하는 청년 실업률, 고도화된 지능 범죄, 암울한 경제 상황과 관련된 뉴스 등을 접할 때마다 몹시 안타깝고 마음이 무겁다. 우리가 사는 세상이 더욱 어렵고 혼란해지는 듯하다. 수신제가치국평천하의 의미를 간략하게 소개한다.

"자신의 몸과 마음을 바르게 한 사람만이
가정을 다스릴 수 있고,
가정을 다스릴 수 있는 자만이
나라를 다스릴 수 있으며,
나라를 다스릴 수 있는 자만이
천하를 평화롭게 다스릴 수 있다."

세상을 살아가는 것은 순서가 있고 그 단계를 밟아 가야지만 그 이치를 깨달을 수 있다. 개인의 삶에 충실한 사람들은 그 뿌리가 단단하여 삶의 풍파에 휩쓸리지 않는다고 과거 철학자들은 주장한다. 커다란 목표는 사실 개인의 작은 마음에서부터 시작되어, 그 끝에까지 함께한다는 사실을 강조한다. 공자는 이렇게 말했다.

"썩은 나무에는 조각할 수 없고,
더러운 흙으로 쌓은 담장을 손질할 수 없다."

공자에게 가장 많은 꾸지람을 들었던 제자 재여에게 공자가 한 말이다. 재여는 말솜씨가 뛰어났지만, 공자의 가르침에도 비판적인 의견을 내며 딴지 거는 것을 좋아하는 제자였다. 그는 훗날 제나라의 반역 사건에 가담하여 집안이 망하는 재앙을 겪는다. 재여는 좋은 스승을 만나도 본인이 노력하지 않고 스스로 고치지 않으면 아무 소용이 없다는 사실을 잘 드러낸 일화다.

사회는 눈부시게 발전했다. 하지만 그만큼 어려워진 세상에 살아가는 청년들에게는 심심한 위로의 말을 전한다. 청춘은 찬란한 미래를 꿈꾸는 시기다. 하지만 내가 준비되어 있지 않으면 좋은 기회가 다가와도 붙잡을 수 없을뿐더러, 그 기회를 알아차리는 것 또한 쉽지 않을 것이다.

『청춘 예찬』에서 민태원은 청춘의 몸이 튼튼하고, 피부는 생생하며, 눈에는 열정이 가득하다고 예찬한다. 그것은 피어나기 전인 유년기에도 시들어 가는 노년기에도 구하지 못하는 청춘만의 강점이라고 밝힌다. 그러면서도 마지막 문장에서는 청춘을 인생의 황금시대에 비유하며 날카로운 주제를 던지는 것을 잊지 않는다. "이 황금시대의 가치를 충분히 발휘하기 위하여, 이 황금시대를 영원히 붙잡아 두기 위하여 힘차게 노래하며 힘차게 약동하자"라고 강조한다.

청춘은 영원하지 않아서 더 가치 있을지도 모른다. 앞서 밝혔듯 무슨 일이든 용서되는 시기이다. 그러나 그러한 '황금시대'를 붙잡아 두기 위해 남들보다 한발 앞서 본인의 꿈과 건강, 목표를 위한 꾸준한 노력을 해 보는 것은 어떨까. 자신을 지키고 본인의 가치를 높이는 것이 곧 정의이고 꿈을 향해 달려가는 가장 빠른 길이다.

창업과 첫 직장 생활

(1) 눈부신 성공과 처참한 실패, 인생 첫 창업 도전기

"시도했는가? 실패했는가? 괜찮다.
다시 시도하라,
다시 실패하라,
더 나은 실패를 하라."
-사뮈엘 베케트-

나는 대학시절부터 늘 도전하고 무엇이든 해 보는 사람이었다. 군 복무를 마치고 나서 대학교에 복학했을 때, 나는 컴퓨터에 관심이 많았다. 손재주가 좋아서 용산에 가서 조립 PC를 만들어 봤더니 생각보다 어렵지 않았다. 처음에는 친구들에게 만들어 팔기 시작했는데, 어느새 이 일이 꽤 수익성이 괜찮다는 것을 알게 되었다. 그래서 나는 제대로 한번 해 보자는 생각에 작은 회사를 시작하게 되었다. 처음에는 작은 사업이었지만, 점점 입소문을 타고 친구들 외에도 많은 사람들이 찾아오기 시작했다. 나는 컴퓨터 조립에 있어 남다른 자신감을 가지고 있었고, 고객들의 요구에 맞춰

최상의 제품을 제공하려 노력했다. 그 덕분에 사업은 점점 성장했고, 마진도 상당히 괜찮아지게 되었다.

(2) 우연한 만남, 납품, 성공적

그러던 어느 날, PC방이 한창 유행하던 시기에 나는 부동산업자를 찾아갔다. 그때 당시 PC방을 차리려는 사람들이 많았고, 나는 그 기회를 활용하기로 결심했다. 부동산업자는 PC방을 차리려는 사람들을 나에게 소개해 주기로 했고, 나는 그들에게 네트워크 공사와 PC 납품을 하게 되었다.

그 과정에서 업자는 "네가 만약에 네트워크 공사를 하든 납품을 하든 하면, 계약 건당 200만 원을 주겠다."라고 말을 했는데, 그 말은 나에게 엄청난 기회로 다가왔고, 한 달 만에 26군데의 계약을 체결하게 되었다.

나는 그 기회를 통해 엄청난 수익을 올렸다. 당시 한 곳의 PC방에 100대 정도의 컴퓨터를 납품하면 매출이 1억에서 2억 정도 되었고, 마진율이 30% 정도였다. 이렇게 해서 수익은 3천만 원에서 4천만 원씩 남았다. 그 성공은 정말 꿈만 같았다. 대학교에 다니던 시절, 나는 일찍이 경제적인 성공을 이룬 것이다.

그 시기에 나는 세상이 달라 보였다. 돈방석에 앉아 있다는 느낌이 들었고, 주변의 모든 것들이 내 손 안에 있는 것처럼 느껴졌다. 좋은 차를 사고, 오토바이를 구매하고, 친구들과 만나서 마음껏 즐겼다. 그때 나는 나 자신이 세상의 중심에 서 있는 듯한 착각에 빠졌다. 하지만 성공의 달콤함 뒤에는 책임과 현실이 기다리고 있었다. 이익에 취해 눈앞의 즐거움에만 집중하던 나는 고정비의 무게를 제대로 이해하지 못하고 있었던 것이다.

결국, 나는 컴퓨터 대리점을 차리기로 결심했다. 하지만 대리점을 운영하면서 고정비라는 새로운 도전에 직면하게 되었다. 직원을 구하고 늘어남에 따라, 매월 월급을 줘야 했다. 대리점 운영이 처음이라 고정비가 얼마나 큰 부담인지 깨닫지 못했던 것이다. 게다가 경쟁은 치열했다. 근처에 새로운 대리점들이 생겨나고, 경쟁 업체들이 앞다투어 진입했다. 한때 대박이었던 사업은 점점 어려워졌고, 결국 수개월 만에 대리점은 문을 닫게 되었다. 그 실패는 나에게 큰 교훈을 주게 되었다. 그때 나는 비로소 깨달을 수 있었다. 성공 뒤에는 책임과 현실이 있으며, 이를 간과하면 언제든 실패할 수 있다는 사실을…. 이 경험은 나에게 단순히 성공의 기쁨을 넘어, 성공을 유지하기 위해 필요한 노력을 가르쳐 주었다. 또한, 아버지가 늘 말씀하셨던 책임의 중요성에 대해 느낄 수 있었다.

(3) 난이도 높은 인생 퀘스트, 직장 생활

누구에게나 사회생활은 어렵게 다가온다. 처음 사회에 발을 올린 신입사원도, 3년 차 직원도, 10년을 넘게 회사에 몸 바친 과장님도, 부장님도 마찬가지다. 각기 나름의 고충을 안고 생활하는 것이다. 서로 다른 가치관과 사고방식으로 세상을 살아왔던 이들과 한 공간에서 업무를 수행하는 일은 쉽지 않다. '책임감'의 무게를 온전히 느끼면서 원하지 않는 그 생활 속에 녹아들어야 한다. 군대처럼 누군가의 명령과 복종에 의해서만 움직이는 간단한 문제가 아니다.

내가 좋아하는 일을 할 수 있다면, 그의 직장 생활이 아무리 고달프고 힘들다 해도 이겨 낼 수 있으리라. 하지만 취미로 먹고사는 것은 흔한 일이 아니고, 나의 기호에 맞는 일을 하면서 급여까지 만족할 만한 직장은 없다고 보는 것이 마음 편하다.

누군가는 타협이라고 말할 수도 있겠다. 그러나 나에게 주어진 업무를 취미처럼 즐겁게 받아들이는 과정이 중요하다. 여기 칼럼에 소개된 직장인 두 명의 일화를 통해 근무 태도의 중요성을 확인해 볼 수 있다.

정 대리와 박 대리는 서로 다른 부서에서 근무하고 있다.

"정 대리는 언제나 불만이 많다. 그는 출근과 동시에 이 지루한 시간이 끝나기만을 손꼽아 기다린다. 자신의 열정과 욕망은 모두 회사 바깥에 있기 때문이다. 그런데도 정 대리가 이 회사를 벗어나지 못하는 이유는 단 한 가지였다. 자신의 욕망과 열정을 충족하기 위한 '돈'을 벌 수 있는 곳이기 때문이다. 회사에 애정은 없지만, 더 많은 돈을 벌기 위해 승진에 항상 목말라 있다. 그 이유로 그는 일을 맡으면 부담감이 앞선다. 이 일을 잘 처리하지 못해 도태될까 봐 언제나 두려워한다."

"반대로 박 대리는 항상 미소를 잃지 않는다. 그 미소는 사회생활을 위한 거짓된 웃음이 아니며, 같이 일하는 사람들의 기분을 풀어 주는 진짜 웃음이었다. 그가 언제나 웃음을 잃지 않는 이유는 그에게는 '업무'가 즐겁기 때문이다. 그는 업무를 자기 자신의 능력을 기를 수 있는 좋은 방법의 하나라고 생각하며, 마치 비디오 게임을 하듯 차근차근 업무를 수행해 나간다. 이를 통해 스스로 발전한다고 생각한다. 즐겁게 일하면서 돈까지 벌 수 있다니. 그에게는 행운이었다."

직장 생활을 하는 이유는 두 가지가 있다. 부모의 품을 벗어나 사회의 일원이 되어 자신의 가치를 증명해 내는 보람을 느끼는 이유와 돈이라는 경제적인 대가를 받는 이유다. 두 이유가 적당히 균형을 이루어야 지치지 않고 사회생활을 할 수 있을 것이다. 맡겨진 업무를 취미처럼 즐길 수 있도록 노력해야 한다. 사소한 것에서 즐거움을 느끼고, 모르는 분야를 배웠을 때 일말의 성취감을 느낄 수 있어야 한다. 1년 정도 노력해도 잘 안된다면 과감하게 사표를 권하고 싶다. 적성에 맞지 않고 업무에 대해 어떠한 즐거움도 느낄 수 없다면 능률도 오르지 않고 스트레스만 받게 될 것이다. 직장에는 업무 외에도 인내심과 참을성을 요구하는 많은 것들이 있는 곳이다. 기본적으로 업무가 즐겁지 않다면 그것들을 인내하는 것이 몇 배는 더 힘들 것이다.

(4) 이 죽일 놈의 직장

사내는 보이지 않는 경쟁과 다툼이 치열하다. 열심히 행동해도 나를 음해하는 동료가 있을 수 있고, 반대로 다른 동료를 험담하는 현장에 참석하게 될 수도 있다. 대부분 비슷한 성격의 사람들이 친해지는 사회와는 다르게 나와 맞지 않는 사람이 내 상사가 될 수도, 부하직원으로 들어올 수도 있다. 우리는 어쩔 수 없이 그들과 함께 '결과물'을 내놓아야 한다.

직장인을 힘들게 만드는 상사들은 여러 종류가 있다. 휴일에도 '동료애'를 피력하면서 단체 모임 참석을 강조하는 상사, 본인의 능력이 부족하면서 승진 욕심만 가득한 상사, 일은 잘하지만 인간성이 별로인 상사 등 가뜩이나 힘든 직장 생활이 이들로 인해 더욱더 괴로워진다. 개인적인 이익 앞에 흩어지는 사회의 순리 안에서 등산이나 술자리 몇 번으로 '동료애'가 다독여진다는 것은 말뿐인 허울이다. 제 욕심에 눈이 멀어 자신의 '능력 부족'을 외면한 채 팀원을 탓하기만 하는 상사는 또 어떤가? 그것이 본인의 얼굴에 침을 뱉는 것임을 알면서도 멈추지 못한다. 다른 사람을 깎아내려 윗사람들에게 본인의 가치를 증명하는 전형적인 소인배다.

사회생활은 인간을 참아 내는 것이기도 했다. 상사의 비위를 맞추는 것이 직장 생활의 가장 어려운 일이라고 말해도 과언이 아니다. 직장 생활의 애환이 담긴 표 하나를 소개한다.(아버지와의 술자리에서 무능한 상사에 대해 토로하던 나에게 말씀해 주셨는데, 이후에 한결 마음이 편해지며 나에게만 집중하게 된 마음가짐이다.)

상황	나(직원)	상사
시간을 끌면	일을 느리게 하는 것	치밀하게 생각하는 것
일을 미루면	게으른 것	다른 일로 매우 바쁜 것
사무실을 나가면	근무지 이탈	바쁜 외근이 있어서
실수하면	멍청한 것	그도 사람이기 때문
뭘 주장하면	고집불통	소신 있는 것
상사를 기쁘게 하면	아첨	예의 바른 것
어쩌다 아프면	매번 아픈 사람	전날 일을 너무 많이 해서

웃음이 나면서도 현실과 크게 다르지 않아 씁쓸한 마음도 든다. 그래도 어찌하겠는가. 될 때까지 참아 보는 수밖에. 내년에는 부딪치지 않길 바라며 참아 내는 방법밖에 없다. 그렇게 직장인의 대부분은 사내에서 일어나는 일과 인간관계에 있어 점점 무신경해져 간다.

(5) 일은 '프로'답게

맡은 업무에 즐거움을 느끼고 직장 생활에도 적응했다면, 일을 '프로'답게 진행해야 한다. 프로의 반대말은 아마추어다. 프로는 일에 대한 열정은 기본이거니와, 일을 진행하는 과정에서 끊임없는 질문을 던진다. 질문 속에는 이 일의 방향성과 같은 문제, 일을 좀 더 효율적으로 할 방법은 없는지, 진행 과정 속 변수는 무엇이 있는지 등이 있다. 일이 끝나고 나서도 추후 피드백과 관련된 질문을 통해 자신의 업무를 완벽하게 수행한다. 반면 아마추어는 취미의 연장선처럼 일을 생각한다. 잘돼도 그만 안돼도 내가 좋으면 그만이다. 이 패턴은 처음에는 괜찮겠지만 본격적인 직장 생활을 시작하면 버려야 하는 태도다.

직장 생활을 좀 더 '프로페셔널'하게 할 수 있는 팁을 소개한다. 술자리에서 아버지가 카사노바에 비교해 이야기해 주신 팁인데 이해하기 쉬울 것이다. 부디 가벼운 마음으로 읽어 주길 바란다.

바람둥이의 대명사로 누구나 한 번쯤은 들어 봤을 카사노바는 철저한 프로 정신을 가졌다. 그는 자신이 이 분야의 최고이고, 다른 분야의 최고도 자신에게 걸리면 빠져나갈 수 없다는 강한 자존감과 자신감의 소유자다. 유능한 카사노바는 목표에 대한 분석과 판단력이 뛰어나다. 오래된 속담처럼 10번 찍어 10번 넘어오는 여자와 100번을 찍어도 넘어오지 않는 여자를 구분해 내는 능력을 갖췄다. 업무에서도 마찬가지다. 100번 수정해도 받아들여지지 않는 기획안은 접어 두고 다른 방향을 잡는 것이 훨씬 현명한 선택이다. 일을 시작하기 전에 목표의 파악부터 하는 것이 우선이다.

고객의 눈에 맞춰 전략적인 협상과 사업을 펼쳐야 한다. 카사노바의 세계에서도 유혹하고 싶은 여성의 특색에 따라 각기 다른 기법을 구사한다. 춤을 잘 추는 '족제비', 골프를 주 무기로 접근하는 '풀제비', 물에서 노는 '물제비', 요식업을 하는 '칼제비' 등 다양한 방식으로 대상에게 접근한다.(아버지가 술자리에서 재미로 예를 들어 설명한 내용이니 공식 용어는 아니다. 오해하지 마시길….) 사업도 같은 맥락이다. 많은 거래처와 상황, 분위기에 의하여 조건이 수시로 변화한다. 그것을 걸림돌이라 생각하지 말고 유연하게 대처해 나가야 한다. 또, 자신의 신념을 밀어붙이기보단 한 발자국 떨어져 적극적이고 다양한 방법을 동원해 상황에 따른 처세술을 사용할 수 있어야 한다.

진심으로 다가가는 것이 중요하다. 꼭 진심이 아니더라도, 상대에게만큼은 진심으로 받아들여지게 행동해야 한다. 여자는 카사노바가 바람둥이인 것을 알면서도 빠져든다. 이유는 간단하다.

"그가 나는 다르게 생각하고 있구나."
"나만을 생각하고 있구나."

이런 생각을 하기 때문이다. 고객의 지위나 명예에 상관없이, 사업의 규모와 상관없이, 언제나 최선을 다해야 한다. 소득이 없다면 수많은 거래처가 무슨 소용일 것인가. 거래처의 수가 적더라도 최선을 다해 결실을 보는 것이 더 중요하다. 사자는 토끼를 잡을 때도 방심하지 않는다. 거래처의 규모가 작든 크든 최선을 다해 소득을 내려는 마음가짐이 프로와 아마추어의 경계를 가른다.

첫인상이 전부는 아니지만, 그것을 무시할 수 없다. 말 한마디 섞어 보지 않은 상대를 판단하는 것은 첫인상이 전부기 때문이다. 프로는 의상과 외모를 가꾸어야 하고, 때에 따라서는 향수와 소품도 이용할 줄 안다. 외적인 가치는 물론, 고객이 싫증을 느끼지 않도록 내적인 자기관리도 병행해야 한다.

분야를 막론하고 전문가들은 신문과 함께 하루를 시작한다. 부동산, 정치, 경제, 연예계와 논평까지 담겨 있는 신문은 대화의 훌륭한 소재가 되어 준다. 매일매일 발간되니, 소재가 고갈될 염려도 없다. 고객과 만남에서 시작부터 본론을 꺼내는 이는 없다. 카사노바도 처음에는 상대방과 심리적 거리를 좁히는 '잡담'을 통해 유혹의 포문을 연다.

모든 대화의 시작은 편안한 분위기 속 '잡담'에서부터 시작된다. 그것은 상대와 나의 거리를 좁히고, 공감대를 형성하는 중요한 무기가 되어 준다. 언제나 새로운 유행과 인사이트를 겸비해야 한다. 커뮤니케이션 전문가 사이토 다카시가 출판한 『잡담이 능력이다』 속 소개된 잡담의 기술을 몇 가지 소개한다.

첫째, 칭찬과 긍정 그리고 반문이다. 상대의 보이는 부분을 받아들이고 있다는 메시지를 전달해 준다. 칭찬은 포괄적인 칭찬보다는 구체적이고 확실하게 하는 것이 중요하다. 대답의 부정과 긍정은 사람의 성격을 반영한다. 이왕이면 긍정적인 답변을 해 주는 것이 좋은 인상을 심어 준다. 마지막으로 상대방의 질문을 똑같은 방식으로 되받아 주는 것이 잡담의 중요한 기술 중 하나다. 예를 들어 설명한다.

"저는 영화를 좋아해요."
→ "저도 최근에 영화를 봤어요."
→ "어떤 장르의 영화를 좋아하시나요?"

영화를 좋아한다는 말에 나도 최근에 영화를 봤다며 대화를 종료할 수 있지만, 어떤 영화를 좋아하냐는 질문으로 받아칠 수도 있다. 후자의 경우 대화의 폭이 더욱 넓어지며, 상대방 위주의 질문에 상대방은 자신이 관심받고 있다고 생각할 것이다.

둘째, 귀는 두 개고 입은 하나다. 아무리 달변가라 하더라도, 대화의 흐름이 일방적이면 안 된다. 화제에 따라 말하는 비율을 조절해야 한다. 보통 상대방이 8, 나는 2 정도가 적당하다. 그러나 상대방이 너무 말이 없을 때는 나의 화제 지배율을 올려야 한다. 경청은 모든 대화의 기본이다.

마지막으로 잡담은 나무가 가지를 뻗어 내는 것처럼 해야 한다. 잡담은 토론이 아니다. 누구도 가벼운 자리에서 토론을 원하지 않는다. 토론이 수직적인 방향성을 띠고, 한 가지 주제로만 깊이 파고들어 가는 이야기라면 잡담은 수평적이고, 주제가 주제를 불러오는 형식을 취한다. 처음에는 상대가 제시한 화제에 관해 이야기한다. 상대방의 화제가 다 떨어졌을 때만 나의 화제를 제안한다. 나의 화제로 인해 상대방은 다른 주제를 환기할 것이다. 시간만 있다면 대화는 절대 끊이지 않을 것이다.

(6) 건강한 직장 생활을 위해

가족 같은 분위기를 강조하지만, 회사와 '뒷담화'는 떼어 놓을 수 없는 관계다. 돌아서면 나오는 뒷이야기가 회사 내 건전한 인간관계를 방해한다. 그것은 이간질의 시작이며, 여러 파벌이 나누어지는 계기가 된다. 대부분의 뒷담화는 어떤 대상을 깎아내리는 것부터 시작한다. 그 대상은 보통 신입이거나, 이직한 지 얼마 되지 않은 사람이리라. 그들은 은연중에 복종을 요구하고 자신에 대한 존경을 표현해 주기를 바란다. 그것에 따르지 않는다면, 어느새 험담의 대상이 된다. 특히 '험담의 대상'이 '험담하는 사람'보다 외모, 성격, 능력 중 어느 한 가지라도 뛰어나다면 그 직장 생활은 참으로 괴로울 것이다.

이처럼 회사에서는 업무 외적으로도 크고 작은 문제가 빈번하다. 그렇다면 왜 유독 직장만 오면 사람들이 변하는 것일까. 답은 아마도 '두려움' 때문일 것이다. 직장인은 누구나 자신만의 '두려움'을 갖고 살아간다. 가장 기본적인 '해고에 대한 두려움', '업무 평가에 대한 두려움'을 예로 들 수 있겠다. 또, 자신의 자리를 뺏길까 타인을 깎아내리는 것도 두려움의 일종이다. 나보다 뛰어난 사람을 은연중에 험담하고, 소외시키는 것이 이러한 이유이다. 따져 보니 조금 불쌍하다고 느낄 수도 있다. 그러나 동정은 금물이다. 두려움은 누구나 품고 살아가는 것이지, 그것을 타인에게 표출해 내 마음이 편해지는 기회로 이용하는 것이 아니기 때문이다.

애초에 남의 험담에 관여하지도 말고, 나에 대한 쓸데없는 소문에 흔들리지도 말자. 신경을 쓰지 않는 것이 가장 좋은 방법일 수 있다. 참을 수 없는 지경까지 왔다면, 단도직입적으로 반문해야 한다. 뒤에서 내 이야기 하지 말고 내가 고칠 수 있게 나에게 직접 말해 달라고 반문해야 한다.(가만히 있으면 가마니가 될 뿐이다. 최대한 정중하고 단호하게 대처해야 한다.) 한국 사회에서 버릇없는 행동이라고 생각하는가. 그런 기분을 가질 필요 없다. 당신이 그런 사람이 아니기 때문에 더욱더 당당해야 한다.

회사에 취직하게 되었다는 뜻은 '회사가 원하는 업무를 할 수 있는 역량을 갖춘 인재'라는 뜻이기도 하다. 언제나 자신감을 느끼며 맡은 업무의 전문가가 되기 위한 노력을 아끼지 말자. 물론 처음부터 당당하고 여유롭게 회사 생활을 시작할 수는 없다. 그러나 업무의 즐거움을 발견하는 것을 시작으로 맡은 분야의 '프로'가 되어 보고, 사내 여러 인간관계에 휩쓸리지 않으며, 직면한 두려움과 당당하게 맞서 보는 것은 어떨까.

가정이라는 둥지를 떠나 새로운 삶을 시작하는 모든 이를 응원한다.

포기를 배우기, 타협과 친해지기

(1) 캠퍼스의 낭만이 뭐죠? 먹는 건가요?

벚꽃이 만연한 캠퍼스의 추억을 떠올릴 수 있는가. 고된 고등 학업을 마치고 치른 대학입학 시험은 얼마나 떨렸던지. 그토록 원하던 대학에 합격해 느끼는 희열을 기억하는 이는 많을 것이다. 달콤한 신입생 생활을 보낸 뒤, 모두 각자의 진로를 설계하고 필요하다면 여러 자격증도 취득하기 바쁘다. 세월이 흐른 지금, 취업 시장은 더욱 얼어붙었고, 대학생 10명 중 6명이 '진로' 때문에 고민한다. 관련된 최근 기사를 살펴보자.

"대학생 77% 작년보다 취업 어려워."
"대학생 10명 중 8명이 올해 채용시장 상황이 작년보다 나빠졌다고 답했다. 취업 문턱이 더 좁아졌다고 대답한 대학생 비율은 최근 5년 사이 가장 높았다."

취업과 진로에 대한 고민이 나날이 심해지고 있다. 몇 번의 경기

불황을 거치며 취업 시장은 좁아지게 되었고, 오늘날까지 이어졌다. 아르바이트 전문 커뮤니티 조사에 따르면 대학생의 82.9%가 취업 스트레스에 시달리고 있다고 밝혔다. 그들은 이유 없이 피곤하고, 만성 피로를 겪으며, 편두통과 심하게는 소화 불량까지 경험한다고 한다. '진로에 대한 고민'이 '등록금과 금전 문제', '학점 관리', '교우 관계'와 같은 쟁쟁한 스트레스 요인을 제치고 1위를 차지했다. 이러한 문제에 대해 선배들은 '대기업만 노리지 말고 탄탄한 중소기업에도 지원하라', '회사만 보지 말고 하고 싶은 직무에 지원하라' 등과 같은 의견을 내놓았다.

캠퍼스의 낭만은 이제 옛이야기가 되었다. 입시 스트레스와 싸워 간신히 대학의 문턱을 밟았더니, 이번에는 취업 시장을 뚫는 경쟁에 참여해야 한다. 신입생 때부터 잠깐의 여유도 없이 달려가야 했다. 남들보다 많은 자격증을 따야 하고, 밤을 새워 가며 학점 관리를 해야 한다. 엠티와 오리엔테이션 같은 학부 내 행사도 없어지는 추세라고 하니, 예전과는 사뭇 달라진 캠퍼스의 풍경이 안타깝다.

(2) 타협할 수 있는 용기

아인슈타인은 이런 말을 남겼다.

"미친 짓이란 항상 똑같은 일을 되풀이하면서
다른 결과를 기대하는 것이다."

'노력'의 중요성을 강조하는 상황에서 자주 인용되는 말이다. 하지만 시대가 변한 지금은 다르게 해석하는 것이 옳을 수도 있겠다. 목표는 삶에서 매우 중요하다. 젊을수록 크고 다양한 목표를 갖는 데 거리낌이 없다. 그러나 나이를 먹어 가면서 현실을 자각하게 되고, 삶의 어느 순간에서 책임감을 느끼게 된다. 평범한 일상을 살아간다는 것이 무척 어려운 일이고, 정해진 월급 안에서 새로운 목표를 세우고 노력하기는 쉬운 일이 아니라는 사실을 깨닫게 되는 것이다.

목표는 높은데 실천을 할 수 없는 삶은 그 생애가 불행할 수밖에 없다. 어떻게든 자신을 합리화하기 위해 주위의 모든 것들을 변형하고 왜곡할 것이다. 타협은 목표를 설정하는 단계에서 하는 것이지, 목표를 향해 달려가는 과정에서 하는 것이 아니다. 만일 그 과정에서 타협하게 된다면, 상황을 탓하고, 주변을 탓하며 위안을 얻을 것이다. 당연히 본인은 점점 고립되는 결과를 맞는다. 대학에 입학해 취업과 싸우며 자신의 가치 상승을 위해 노력하는 이유는 무엇일까. 모든 것은 결국 인생의 행복을 추구하기 위한 일이다. 목표를 높게 잡고 자신을 괴롭힐 이유는 없다. 관련된 사례를 소개한다.

평범한 직장에 다니고 있는 박 씨는 오랜 꿈이 있다. '세무사' 시험에 합격해 당당히 개업하는 것이 그의 목표다. 전문대 세무학과를 졸업한 그는 집안 사정이 여의치 않자 일단 취업을 했다. 생활비와 공부할 때 드는 목돈을 마련하고자 한 선택이었다. 중견기업에서 업무를 시작한 그는 빠르게 적응했다. '세무사 준비를 하려는 놈인데 이 정도쯤이야.' 생각했다. 그는 성과를 인정받았고 거듭 승진했다. 돈을 모으는 과정도 더 수월해졌다.

그는 사내에서 인연을 만나 결혼까지 성공했다. 결혼식을 올렸고 아이와 가정에 들어가는 지출이 상당했다. 그는 자신의 목표를 조금만 더 미루기로 했다. 어느덧 아이는 많이 자라 내년이면 초등학교에 입학할 나이가 되었다. 그 또한 직장에서 무탈하게 승진해 어느덧 과장이 되었다. 집에는 사랑하는 아내와 아이가 있었다. 직장에서도 제법 존중받는 상사로 통했다. 겉으로는 부족함이 없어 보였다.

안정이 찾아오자 세무사에 도전하고 싶은 마음이 다시 스멀스멀 피어나기 시작했다. 그의 아내는 지금도 충분히 행복하고 그가 세무사가 되지 않아도 좋다고 말했지만, 그는 강경했다. 1차 시험은 독학으로도 충분하니 도전해 보고 싶다고 말했다. 아내는 허락했고 그는 인터넷 강의로 세무사 1차 시험을 준비하기 시작했다.

준비하던 첫해는 제법 그럴듯했다. 퇴근 후 집에서도 강의를 들었고, 틈틈이 시간이 날 때마다 암기 카드를 외웠다. 어느덧 사내에서도 시험에 도전한다는 소문이 돌았고, 그의 평판은 더 올라갔다. 그 나이에 도전이라니. 멋져요. 자신을 향한 칭찬에 그는 늦었지만 도전하길 잘했다는 생각이 들었다. 첫 시험은 탈락의 고배를 마셨지만, 개의치 않았다. 아이가 아직 어려서 그렇다고 위안했다.

두 번째 해부터 조금씩 삐걱거리기 시작했다. 가정에는 소홀하기 일쑤였고, 어쩌다 한 번 참석한 회식을 끝내고 돌아오면 아내에게 따가운 눈초리를 받았다. 휴일에는 아이와 놀아 주어야 했기 때문에 공부하지 못하는 날이 많아졌다. 아내와 떠난 당일 여행에도 정신은 온통 딴 곳에 가 있었다. 그는 집중력을 잃고 있었다. 작년에는 상상도 할 수 없는 일이지만, 스트레스를 핑계로 맥주를 입에 대는 날이 많아졌다. 올해는 붙겠지, 생각하며 이것도 저것도 아닌 해를 보냈다.

두 번째로 응시한 세무사 1차 시험에 떨어지자 그는 고민이 많았다. 홧김에 아내와 다툰 이유도 컸다. 그는 자신도 모르게 아이와 아내 핑계를 대며 자신의 불합격을 부정했다. 아내는 실망한 기색이 역력했다. 그는 가만히 앉아 근래를 되돌아보았다. 회사에서 하는 업무도 자신과 잘 맞고, 입지도 평판도 괜찮았다. 아내와 아이도 지금의 삶에 만족하니 세무사 시험을 포기해야 하는지 고민이었다.

 그러나 선뜻 그만두겠다는 결심이 서지 않았다. 평생을 후회할 것 같았다. 작년과 재작년 동안 공부한 시간이 아까웠다. 그러나 다시 도전하고 싶은 열정도 희미해진 것 같았다. 작년의 삶을 반복할 것 같았고, 아내와 아이는 더욱 힘들어할 것 같았다. 이러지도 저러지도 못하는 상황에 그는 잠이 오지 않았다.

 평범한 사람이 시작하는 도전의 애환이 잘 나타난 일화다. 박 씨는 자신의 삶에 문제가 없지만, 만족하진 못했다. 오랜 꿈이었던 '세무사' 시험이 계속 그의 발목을 잡은 탓이다. 그가 현실에 안주하지 못하게 끊임없이 괴롭혔다. 그러나 이러한 원인은 박 씨 스스로가 만들어 낸 것이다. 스스로 만들어 낸 꿈에 닿지 못하자 현실을 탓하고 상황을 탓하는 태도를 보였다. '도전'이 젊음의 열정이라면 '타협'은 중년의 지혜다. 본인이 만족하면 끝날 수 있는 문제를 계속 이어 나가는 것은 나 자신의 문제다.

 현실과 이상의 거리감을 고려해, 처음 설정하는 목표의 크기를 조절해야 한다. 필요하다면 포기할 줄 아는 용기도 필요하리라. 현실과 '타협'하지 않고 목표만을 높게 설정해, 노력하는 과정에서 '타협'한다면, 아무것도 얻지 못할 것이다.

(3) 성공을 알려 주는 지표

누구나 성공을 꿈꾼다. 오늘보다 더 나은 내일을 바라는 것은 당연한 현상이다. 자신의 미래를 위해 계획하고 노력하는 것은 바람직하다. 하지만 간과하지 말아야 할 것은 '꿈과 현실의 거리가 너무 멀면 안 된다'라는 것이다. 미약할지라도 어제보다 조금 더 나은 오늘을 살고 있다면, 그것 또한 성공한 삶이다.

커다란 변화를 위한 걸음은 힘들다. 하지만 안정을 위해 머물기는 쉽다. 내 삶을 완전히 뒤바꾸는 데 필요한 방법은 '막연한 바람'이 아니다. 날카로운 결단을 내릴 준비가 되어 있지 않다면, 삶을 변화시키기는커녕 여차하면 더 추락할 수도 있다. 바람이 곧 좌절로 이어지고, 현실 앞에 꿈은 파도처럼 무너질 것이다. 앞서 밝혔듯, '이상주의자'가 매사에 불만투성이인 이유다.

'이상주의자'는 언제나 본인의 삶에 만족하지 못하고, 개인이 가진 능력 밖의 꿈을 품는다. 자신의 세계가 무너지지 않기 위해 끊임없이 주변 상황을 탓하며, 핑계와 자기합리화로 하루를 살아간다. 그들에게 당장 할 수 있는 '작은 목표'는 등한시되기 마련이다. 오직 거대한 꿈과 이상만이 그들의 삶을 지탱한다.

성공의 사전적인 의미를 소개한다.

"목적하는 바를 이룸."

성공의 반대말은 '실패'(누군가는 성공의 반대말은 '포기' 혹은 '시도하지 않는 것'이라고 한다. 그것도 틀린 말이 아니다), 성공의 유의어는 '실현'이다. 실현의 사전적 의미는 성공과 비슷하면서도 사소한 차이가 있다.

"꿈, 기대 따위를 실제로 이룸."

실현은 '꿈이나 기대' 따위를 실제로 이룬다는 뜻을 가졌다. 하지만 성공은 '목적'을 지향한다. 목적은 꿈이라는 커다란 지표가 될 수도 있고, 아침에 일어나 이불을 개는 것처럼 사소한 일일 수도 있다. 하지만 실현은 꿈, 또는 기대처럼 거대한 개인의 바람을 나타낸다. 그 누구도 아침에 일찍 일어나는 작은 습관을 '꿈'이라 표현하지 않는다. 그것은 내일 아침, 내가 당장 해낼 수 있는 '목적'에 가까운 것이다.

거대한 꿈을 지향할 것인가, 당장 실행할 수 있는 목적을 지향할 것인가. 그것은 개인의 선택에 달렸다. 끊임없는 욕망과 현실과 동떨어진 환상을 품는 사람은 결코 성공에 도달하지 못한다. 성공은 내가 만족한 성공과 남들에게 보이기 위한 성공으로 나뉜다. 지금 나의 상황을 고려해, 내가 이루려는 현실적인 목표치를 달성하는 순간, 그것이 아무리 사소한 일이라도, 아무도 알아주지 않는다고 하더라도, 당신은 성공한 삶을 사는 것이다.

목표와 타협하는 것은 부끄러운 일이 아니다. 내가 실행할 수 있는 작은 목표부터 차근차근 설정하는 것은 어떨까. 조금이라도 변화한 자신을 느끼며 더 큰 목표를 설정할 수 있는 용기를 얻을 것이다.

우리에게 '실현하는 삶'보다 '성공하는 삶'이란 문장이 익숙하게 다가오는 이유가 여기에 있는 듯하다.

세상에 지지 말라

(1) 불합리에 대한 자각

성공의 지표는 모두 다르다. 속세를 떠나 고향에서 고요한 일상을 꿈꾸는 이도 있을 것이고, 상경해 도시의 일원이 되는 것을 갈망하는 이도 있다. 개인의 목표와 성공에 대한 기준은 극히 주관적이라, 어느 것이 맞다고 단정 지을 수는 없다.

성공으로 다가가기 위해 우선 사회의 불합리함과 부조리함에 대한 자각이 선행되어야 한다. 그래야만 냉혹한 현실에 부딪혀도 의연하게 한 걸음 더 나아갈 수 있으리라. 이상적인 생각으로 접근한다면 현실의 괴리감에 힘이 빠질 것이다.

2002년 솔트레이크시티 동계 올림픽. 쇼트트랙 남자 1,500m 결승에서 한국의 김동성 선수가 1위로 들어왔지만, 금메달은 그의 뒤에 들어온 안톤 오노에게 돌아갔다. 여담으로 후에 2002 월드컵에서 안정환 선수가 미국과의 조별리그에서 헤딩골을 넣고 안

톤 오노를 풍자하는 동작을 취해 관심을 받았었다.

12년 뒤 2014 소치 동계 올림픽에서 위와 비슷한 사건이 또 발생한다. 올림픽 챔피언 김연아의 완벽한 경기에도 불구하고, 러시아의 아델리나 소트니코바가 5점이나 앞서서 김연아를 이기는 결과가 나왔다. 당연히 전 국민은 분노했지만, 결과에 이변은 없었다.

이처럼 스포츠 경기에서 다양한 편파 판정의 사례를 쉽게 찾아볼 수 있다. 100%는 아니지만, 편파 판정은 강대국 선수와 맞붙는 타지의 선수가 겪을 확률이 높다. 미국 복싱계에서는 이러한 편파 판정이 워낙 만연하여 이를 지칭하는 '아메리칸 프리미엄'이라는 뜻의 문장도 있다. 해석하면, 미국 출신 복서와 다른 국가의 복서가 시합해 판정까지 가게 되면 미국 선수의 손을 들어 줄 확률이 높다는 뜻이다.

이러한 부조리는 스포츠계뿐만 아니라 사회 전역에 깔려 있다. 해외 곳곳에서도 상식을 뛰어넘는 일이 자주 발생하니, 비단 우리나라만의 문제는 아닐 것이다. 재력과 권력을 가진 자들은 어떠한 방법으로 자신의 권위를 지키려 하고, 사회적으로 소외된 사람들을 돕는 것에는 인색하다. 기부에도 세금을 먹이는 나라 탓을 하며, 자신의 절세에만 신경 쓸 것이다. 사회의 불합리함은 미시적인 것에도 나타난다.

학벌은 말할 것도 없다. 아무리 블라인드 면접이라지만, 입사하고 난 뒤에는 어떨 것인가. 외모도 중요한 요소 중 하나다. 고향이 어디냐고 넌지시 묻는 것은 출신에 대한 차별의 시작이다. 이런 것들은 옳지 않다는 것을 알면서도 우리 사회에 팽배한 미시적인 부조리다.

많은 사람이 부조리 해결을 위해 현실성 없는 주장을 한다. 사회적 합치를 목표로 하며 있는 자가 양보하고, 없는 자가 노력하여 그들만의 유토피아를 만들자고 주장한다. 이를 이용해 솔깃한 말을 팔아 성공한 사람도 많다. 그러나 이는 매우 현실성 없는 대안임과 동시에 기득권자에게 모든 책임을 돌리는 핑계이자, 없는 이들을 기만하는 행위다.

내가 올라가기 위해 남을 밟아야 하는 현실에 수긍하는 사회에서 사회적 합의를 바라는 것은 너무 큰 비약이다. 논평자들은 현 사회를 '정글'에 비유한다. 서로 물어뜯으며, 피가 낭무하는 곳이 우리가 사는 사회다. 육식동물과 초식동물의 합의가 일어날 수 있는 경우의 수는 얼마나 될까. 지금 사회에서 살아남으려면 개인의 역량을 끌어올리는 방법이 최선이다.

극히 소수의 이타적인 사람을 제외하면, 내 편은 없다. 하늘은 스스로 돕는 자를 돕는다는 고사성어도 있지 않은가. 내 역량을 최대치로 끌어올리기 위해 온갖 불법적인 일을 하라는 말이 아니다. 엇나간 방법은 자신에게 업보로 찾아올 것이니, 행하는 모든 행동은 언제나 법의 테두리 내에서 이루어져야 할 것이다. 각종 요령과 비리로 남을 짓밟고 일어서기보단, 타인과 비교할 수 없는 나만의 능력을 갖추는 데 집중해야 할 것이다. 더 나은 사람이 되어 사회의 부정적인 것들이 나에게 어떠한 영향도 끼치지 않게 노력해야 한다.

무시와 차별을 겪으며 그 과정을 이겨 내고 한층 더 높은 도약을 위한 실력을 길러 내는 것이 가장 현실성 있는 대안이다. 탁월한 능력만이 나를 구원하고, 나의 목소리에 힘을 실어 주는 무기가 될 것이다.

최고의 실력을 갖춘 스포츠 스타들도 가끔 편파 판정의 희생자가 된다. 정상급 선수들도 가끔 자신을 지키지 못하는데, 우리는 말할 것도 없다. 누구도 넘보지 못하는 나만의 능력을 길러 불합리한 것을 바로 잡을 수 있는 사람이 되기를 꿈꿔야 한다. 부자가 되고 싶고, 멋진 사람이 되고 싶다는 꿈보다 훨씬 커다란 포부다.

(2) 불합리함에 종속되지 마라

"행동이 따르지 않는 말은 쓸데없는 것이다."
"우리 모두 현실주의자가 되자. 그러나 마음속에는 불가능을 품자."
"수단이 비열하다면 결코 목적은 정당화될 수 없다."

체 게바라는 아르헨티나 출신의 혁명가이자 의사, 정치인이다. 우리에게 익숙한 '체 게바라'라는 이름은 사실 본명이 아닌 애칭이었으며, 훗날 그를 상징하는 이름이 되었다. 그는 사실 사회의 부조리함을 경험하지 않았다. 오히려 부르주아에 가까웠고, 그의 아버지는 커다란 병원 원장이었다. 학창 시절에는 천식에 기인한 약한 몸의 단련을 위해 럭비선수로 활동한 경력이 있다.

그는 의사의 꿈을 이루기 위해 의대를 졸업했으나, 친구의 권유로 떠난 여행에서 남미의 비극적인 생활을 목격하게 된다. 수많은 빈민과 노예, 광부들의 피폐한 삶을 목격한 그는 남미의 빈부격차 문제에 관심을 두게 된다. 그는 당시 현실에 분노하여 비교적 편안한 삶을 보장받을 수 있는 '의사'의 삶을 버리고, 혁명에 본격적으로 뛰어들게 된다.

그는 혹독하기로 소문난 혁명군에 입대해 몸을 단련했다. 명령에 불응하거나 규칙을 어기면 바로 사살당할 만큼 혁명군의 훈련

과정은 험난했다. 그는 평생 수많은 전쟁과 게릴라전을 거치며 혁명에 힘썼다. 본업을 살려 의료 개혁을 자신 있게 주도했지만, 정치가로서의 역량은 부족했다는 평가를 받기도 했다.

이 외에도 그가 펼친 이상이 너무 현실성이 부족하다는 비판과 과격한 혁명 활동에 대한 비판 또한 존재한다. 하지만 그가 천식과 같은 신체적 한계에도 불구하고 럭비와 강도 높은 훈련, 게릴라전까지 참전하는 정신력과 카리스마의 소유자였다는 사실은 부인할 수 없다. 부르주아로 태어나, 불합리함에 동조하며 안락한 생애를 살 수도 있었지만, 혁명가의 길을 걸었다는 점이 가장 긍정적으로 평가된다. 승리한 혁명 사회의 일원으로 명예를 얻었음에도 혁명가의 삶을 내려놓지 않았다. 빈곤과 차별로 억압받던 이들을 해방하고자 했던 그의 이상은 후대까지 많은 이들의 본보기가 되었다.

불합리에 종속한다는 것은, 사회문제에 순응해 수동적인 삶을 사는 것만을 의미하지 않는다. 높은 계급으로 태어나 사회에 영향력을 끼칠 수 있는 사람이 자신의 안위를 위해 부조리를 모른 척하는 것 또한 불합리에 대한 종속이라 할 수 있다.

(3) 불합리함에 맞설 수 있는 남자

불합리한 것을 바로잡을 수 있는 사람이 되는 방법은 많다. 현실에 흔들리지 않고, 자신의 능력을 갈고닦을 수 있는 남자가 되기 위해서는 '남자다움' 이상의 무언가가 필요하다. 앞서 진정한 남성성에 대한 포괄적인 설명을 했으니, 이를 현실에서 실행할 수 있는 구체적인 방법을 소개하려 한다.

첫 번째로 '마음가짐'이다. 삶이란 마음가짐이 반영된 모습일 뿐이다. 불합리함과 정면으로 맞설 수 있는 강인한 마음가짐을 갖는 것이 중요하다.

정의롭고 세상에 지지 않는 남자가 되려면 우선 나 자신을 알아야 한다. 누군가는 가난한 집에서 태어나고, 누군가는 으리으리한 저택에서 태어난다. 집안의 차이를 무시할 순 없지만, 내가 나로 태어났다는 사실을 자각하고, 자신감을 느낄 수 있어야 한다. 삶 앞에 당당히 서 있는 남자는 물류센터에서 땀을 뻘뻘 흘리고, 밤이면 꿈을 위해 공부를 하는 노동자일 수도 있고, 애그니스와 디킨스의 철학을 강의하는 대학교의 젊은 교수일 수도 있다. 수많은 사람이 자신의 방법으로 세상과 맞서 싸우고 있다. 그들은 제각기 다른 특성이 있지만, 공통점이 하나 있다. 스스로 존재를 자각하고, 겉모습과 내면을 가꾸는 노력을 통해 스스로 자신을 존중하는 용기를 가졌다는 점이다.

인생은 계획대로만 흘러가지 않는다. 목표를 잡고 달려가는 와

중에 수많은 변수와 마주친다. 나를 괴롭게 하는 사람을 만날 수 있고, 때로는 나의 실수로 인해 일을 그르치는 경우도 생긴다. 조금만 생각해 보면, 실수 그 자체에는 아무런 잘못이 없다. 누구나 처음부터 잘할 수는 없고, 인간이라면 당연히 실수를 하게 마련이다. 유독 자신감이 부족한 남자만이 실수를 부정한다. 그는 자기 자신의 모습이 마음에 들지 않는 것이다. 스스로 빈틈을 보이는 것에 민감해 좀처럼 본인의 실수를 인정하려 하지 않는다. 언제나 자신감 넘치는 남자라면 자신의 실수를 인정하고 그 실수에 대해 정중한 사과를 하는 것을 부끄러워하지 않는다. 사과할 줄 아는 자는 자신의 실수를 부정하려 언성을 높이는 자보다 훨씬 남자다운 사람이다.

 다른 남자를 존중하는 법을 배워야 한다. 어느 곳에나 남자들 사이의 규칙은 존재한다. 규칙은 세월의 흐름에 변하기도 하지만, 전통적인 가치를 유지하고 있는 경우가 많다. 이 규칙을 지키는 것은 다른 남성에게 존경심을 표현할 수 있는 좋은 수단이다. 나보다 나이 많은 남자에게 깍듯한 것은 보수적인 가치가 아닌, 기본적인 예의다. 또한, 아무리 친한 사이라도 모임에서 그를 깎아내려 나의 가치를 올리는 것은 절대 허용되지 않는 암묵적인 규칙일 것이다. 이처럼 기본적인 남자들의 규칙을 지키는 것만으로도 자신을 존중할 수 있게 되고, 다른 남자들에게도 내가 당신을 존중하고 있다는 사실을 전달할 수 있다. 자신과 타인을 존중하지 않았던 위인은 없다. 그들은 각자의 분야에서 두각을 나타냈으나, 자신을 존중하고, 타인을 존중하는 방법을 알고 있어 그의 역사가 세상에 알려진 것이다.

『나는 나를 파괴할 권리가 있다』. 유명 작가 김영하의 소설 제목이다. 그러나 이 매혹적인 제목은 철저히 작가에게 창작된 '작품'임을 잊지 말자. 자기 파괴적인 생각과 행동을 그만둬야 한다. 대부분 남성은 정신적으로 자신을 불행하게 만드는 경향이 있다. 자신이 괴롭고 고통 받을수록 그것을 이겨 낸 미래의 나에 대한 환상이 커지기 때문이다. 하지만 이는 옳은 접근 방식이 아니다. 슬픔을 참고, 감정을 억누르며 약점을 드러내지 않으려고 노력하는 것이 '강인함'의 증거가 아니다. 그것들을 표출하지 않는다면, 자신 안에서 곪아 나중에는 걷잡을 수 없는 상처가 될 것이다. 다른 형태의 강인함을 추구해야 한다. 자신의 고통을 시원하게 이야기하는 것이 타인에게 '믿을 수 있는 사람'이라는 인상을 주리라. 역경을 극복하기 위한 좋은 방법의 하나는 내가 믿을 수 있는 사람이 되는 것이고, 주위에 믿을 만한 사람을 많이 만드는 것이다. 다만, 만날 때마다 고통과 어려움을 말하는 건 아니다. 말하고 털어 내고 극복하고 앞으로 나아가는 강인함을 보여 주는 온전한 모습이 진정한 강인함이라 생각한다.

두 번째는 육체다. 곧은 마음가짐을 현실로 만들어 내기 위해 언제나 몸을 건강하게 유지해야 한다. 세상을 바꾸는 것은 나의 정신과 마음가짐이지만, 그것을 실현하는 매개체는 나의 육체다.

숨 돌릴 틈 없는 하루를 보내도 청결함을 유지해야 한다. 남자다운 남자는 일을 핑계로 흐트러짐을 보이지 않는다. 흐트러짐이 가장 드러나는 부분이 바로 청결 상태다. 몸을 가꾸는 것은 이제 사회의 기본적인 관습이 되었으며, 거의 모든 회사에서 외적인 부분도 능력이라고 생각하는 것이 현 사회의 모습이다. 시대가 많이 변했다 한들, 가부장적인 부장님 앞에서 수염을 기르고 출근하면서 불합리한 구조를 바꾸겠다고 다짐하는 사람은 없다. 자신의 능력을 기르기도 전에 회사에서 잘릴 것이 분명하다. 하와이안 셔츠를 입고 면접을 보러 가지 않는 것도 같은 맥락이다. 차를 관리하는 것처럼 몸을 가꿔야 한다. 운동은 물론이고, 머리와 손톱도 정기적으로 다듬는 습관은 필수다. 개인의 개성이 강조되는 사회를 만들고 싶다면, 우선 그 사회의 일원이 되어 나의 능력을 개발해야 할 것이다.

의존을 벗어나기 위해 정신과를 찾는 것은 부끄러운 일이 아니다. 조사에 따르면 알코올 중독자의 대부분이 자신의 문제를 자각하고 있다고 한다. 이것은 그들이 자신의 문제를 가볍게 여기는 것이기도 하고, 문제를 알면서도 해결하기 위해 정신과에 방문하는 것을 꺼리는 증거이기도 하다. 남자는 모험심이 많아, 담배나 술에 더 쉽게 빠져들 수 있다. 그러나 자신을 믿는 강인한 남성은 니코틴과 알코올의 도움 없이도 자신의 힘으로 인생을 살아갈 수 있다. 온갖 시련을 이유로, 아침에 머리가 무겁고, 현실을 마주하기 두렵더라도 자신을 속이지 않고 삶으로 덤덤히 걸어 나가는 것이 세상을 바꿀 수 있는 남성이 보이는 태도이다. 니코틴과 알코올은 장기적인 해결책이 아니며, 내 몸을 천천히 망가뜨려 올바른 행동을 하지 못하게 할 것이다.

 부와 권력은 한낱 욕망의 표현이고, 그것은 오히려 성공을 방해하는 장애물에 가깝다. 남들의 시선에는 부족해 보이더라도, 내가 나의 삶을 무언가 의미 있는 것으로 바꾸려고 한다면, 나아가 세상의 불합리함과 맞서고 싶다는 생각이 든다면, 그 자체만으로 자신의 삶을 뒤바꿀 수 있을 것이다.

3

남자로 완성된다는 것

대한민국 남자 리포트

눈에 넣어도 안 아픈 내 자식들

(1) 소통이 되지 않으면 고통이 된다

우리는 살아가면서 수많은 선택을 한다. 사르트르는 대부분 사물은 본질이 실존에 앞선다고 말했다. 여기서 실존이란 즉, '단순히 존재'하는 것이다. 본질이란 '그 존재하는 것의 역할 쓰임새'다. 의자는 '앉을 수 있게' 하는 본질을 갖고 인간이 인위적으로 만들어 내었기에 실존한다. 만년필은 '쓰게 하는' 본질을 갖고 세상에 존재한다. 그러나 인간은 본질이 정해지지 않은 채 세상에 태어난다. 유일하게 인간만이 '선택'을 통해 자신의 역할과 쓰임새를 찾아 가는 존재이다.

자식을 둔 부모도 마찬가지다. 세상에는 자식과 친구처럼 지내는 부모, 자식이 두려워하는 부모, 자식이 닮고 싶어 하는 부모 등 다양한 부모가 존재한다. 좋은 부모라는 가치는 너무나도 주관적이지만, 부모도 자식을 대하는 태도의 선택을 통해 부모로서의 본질을 갖게 된다. 부모의 본질은 곧 자식과도 연관이 있다. 아이 또한 자신의 미래를 설계하는 데 부모에게 큰 영향을 받을 것이 분명하기 때문이다.

선택의 보편적인 방법에는 공감 능력과 의사소통이 있을 수 있겠다. 그러나 충분한 의사소통을 나누기에 오늘날 보편적인 가정의 모습은 참담하다. 부모의 직장 생활과 자녀의 학업 문제 등 가족 구성원 모두가 각자 바쁜 일상을 보내고 있다. 같은 공간에 살아도 함께 이야기를 나눌 시간조차 턱없이 부족하다.

여성가족부에서 조사한 '청소년 종합 실태조사'에 따르면 아동·청소년 자녀가 있는 가정의 39.1%는 한 달에 1~3회 정도 가족과 함께 여가 시간을 보낸다고 답했고, 19.4%가 거의 보내지 않는다고 응답했다. 또한, 아동·청소년 자녀가 부모와 함께 대화하는 시간은 거의 없거나 한 달에 3회 이하라는 응답이 대부분을 차지했다.

부모와의 대화가 자녀에게 긍정적인 영향을 미치는 것은 당연한 일이다. 가족 간 소통 확대가 절실한 시대에 살고 있다. 이어 밝힌 자료에 따르면 부모가 자녀와 대화하는 시간이 많을수록 아이들의 일상 중 스트레스는 감소하고 행복감은 향상되는 것으로 나타나, 가족 간의 대화가 얼마나 중요한지 보여 주고 있다.

그동안 시원하게 소통해 본 적 없는 아버지가 자녀와 금세 이야기를 트고 친밀감을 쌓는 것은 힘든 일이다. 시작은 어색하고 당연히 서투를 것이다. 기념일을 핑계로 '가족 간의 자리'를 만들어 보는 것은 어떨까. 어쩌다 함께하는 밥상 앞이 아닌 조금 특별한 곳에서 특별한 음식을 함께 먹는다면, 말문을 트기가 더 수월할 것이다. 퇴근 후 사 가는 통닭 한 마리도 좋은 방법이기도 하다. 이번엔 가족에게 넘겨주고 안방으로 가지 말고, 함께 자리를 지키며 가만히 자녀들의 이야기를 들어 보자.

(2) 올바른 훈육

서울대학교 교육연구소에서 작성한 『교육학 용어사전』 속 '훈육'의 정의를 소개한다.

"사회적 규제나 학교의 규율과 같이 사회적으로 명백하게 요청되는 행위나 습관을 형성시키고 발전시키는 것."

"단체생활이나 사회생활에 적응하기 위해서 요청되는 여러 가지 바람직한 습관을 형성시키거나 규율 위반과 같은 바람직하지 못한 행위를 교정하는 것을 말한다. 훈육을 위해서는 흔히 의도적으로 상과 벌이 사용되나 실제로 생활 습관의 형성은 사회화(社會化)의 전 과정을 통해서 이루어진다. 최근에는 상과 벌에 의한 훈육보다는 대화나 상담을 통한 심리적 교육의 절차나 원리를 적용하려는 경향이 점점 두드러지게 나타나고 있다."

훈육은 흔히 가정에서 상과 벌의 의미로만 해석됐다. 어린 시절 아버지에게 꾸지람 들은 기억을 가진 남자는 많다. 아버지의 그림자도 밟아선 안 되었고, 혼을 내시면 내는 대로, 체벌하시면 하는 대로 받아들여야 했다. 가장에 대한 도전은 곧 권위에 대한 도전이자, 가족 붕괴의 시작이라 생각했다. 이런 분위기에서 자식과 아버지의 유대감을 형성하기란 하늘의 별 따기였다. 아버지는 잘못된 훈육을 하면서도 존경의 대상이 되어야만 했고, 이는 본인의 자식이 아버지가 되었을 때도 승계되기 마련이다.

그러나 최근 아동 의식의 발전을 이룩하면서, '훈육'의 다양한 방법이 대두되었다. 사전에도 편찬되어 있듯, 상과 체벌에 의한 훈육이 아닌, 대화나 상담을 통한 심리적 교육의 절차를 적용하려는 시도가 강조되고 있다. 사실 어린 자녀에게 사회화 명목으로 가하는 '체벌'은 어른들의 생각보다 더 큰 트라우마로 작용할 수 있다.

20살은 법적으로 인정하는 성인의 나이다. 그러나 부모들은 자식이 20살이 되었을 때, 자녀가 어른이 되었다고 생각하지 않는다. 20살이 되자마자 집을 사 주고, 결혼을 권하지 않는 것이 그 이유다. 아직 많이 미숙하고 경험을 통해 부족함을 채워 가야 하는 중요한 시기이기 때문이다.

20살도 미숙한 나이인데, 그전에는 어떠할 것인가. 아무것도 모르는 것이 당연하고, 옳고 그름에 관한 정확한 판단이 없는 시기다. 말로는 원하는 모든 것을 표현할 줄 모르기 때문에 행동으로 먼저 표출되는 아이를 다그치지 않는 부모가 되어야 한다. 흔히 아이가 외부로 표출하는 물리적 행동을 공격성이라고 하지만 사실은 자신이 원하는 것을 이루겠다는 의지와 이를 방해하는 사람에 대한 감정의 표현이다.

남에게 해를 가하는 맹목적인 공격성은 경계해야겠지만, 사소한 표현에도 대화보다는 체벌을 이용해 나무라고 야단치면, 아이의 욕구 표현을 위축시키는 결과를 낳는다. 이런 경우 아이의 감정을 먼저 읽어 주면서 행동이 아닌 '언어'로 욕구를 표현하는 방법을 가르쳐야 할 것이다.

자녀가 학창 시절을 겪으며 질풍노도의 시기를 겪을 수도 있다. 그것은 대개 투덜대는 말투와 주어진 삶에 대한 반항으로 표현된다. 이 경우 자칫 어린아이와의 대화가 무의미하다고 생각해, 체벌로 이어지는 경우가 많다. 그러나 '언어'의 힘은 '체벌'보다 강하다.

"혼자서 해 보고 싶구나? 네가 충분히 할 수 있다는 것을 나도 알아."

메시지로 먼저 아이의 욕구와 능력을 인정해야 한다. 그 뒤에 네가 걱정된다고 말하며 아이의 요구와 나의 요구의 적당한 합의점을 찾아가야 한다. 시대가 변함을 인지하고, 아이의 입장을 고려해 볼 수 있는 공감 능력 또한 필요하다.

자식이 아버지의 사랑과 신뢰를 이해하는 순간, 조금 힘들더라도, '언어'를 욕구로 표현하는 요령을 터득한다. 그것은 곧 상황을 이해하는 능력으로 발전할 것이고, 가족에 대한 신뢰심이 깊어지는 계기가 된다. 상황을 이해하는 능력과 공감, 그리고 신뢰와 그를 기반으로 이루어지는 대화는 우리가 너무 잘 알고 있는 사회생활의 필수적인 덕목이다.

우리는 우리의 자녀를 어떠한 본질을 가진 사람으로 길러 낼 것인가. 그것은 가정과 아이를 대하는 나의 태도에 따라 달라질 것이다.

(3) 그렇게 아버지가 된다

살아오면서 몇 개의 충격적인 사건을 접했다. 특히 아이와 관련된 기사를 접한 날이면 온종일 우울하고 가슴이 먹먹해진다. 학교폭력, 왕따, 청소년 범죄 등의 기사는 주기별로 등장해 전국의 부모들에게 상처를 남긴다. 이러한 기사들을 접하다 보면, 이 험한 세상에 아이를 양육하는 것이 과연 좋은 선택일까 하는 생각을 하기도 한다.

사회의 풍파에 영향을 받지 않는 강인한 자녀로 키우는 방법은 다양하다. 시대가 변해 가면서 아버지는 강인하고 승리한 사람이 되어야 한다는 강박에서 벗어나게 되었다. 가정에서 절대적인 권위를 상징하지도 않는다. 이는 아버지가 좀 더 유연하게 행동해, 적극적으로 가족과 소통할 기회를 뜻하기도 한다. 자식은 내가 걸어온 길을 따라온다. 그 길을 잘 걸어올 수 있게 닦아 놓고, 보수하는 것이 한 '남자'가 '아버지'가 되는 과정이리라.

아버지가 되는 과정의 첫걸음은 좋은 남편이 되는 것이다. 과거의 '성 역할'에 얽매이지 않고, 아버지가 어머니를 존중하는 모습을 지켜보며 자란 아이는 올바른 의식을 함양할 가능성이 크다. 또한, 안정적인 부부 사이는 아이에게 좋은 자산이며, 보금자리가 되어 준다. 서로 신뢰하며, 사랑이 넘치는 가정 안에서 아이는 건강한 정신과 몸을 가진 사람으로 성장하게 된다.

현실에서 육아의 주체는 어머니고 아버지는 어머니를 보조하는 단계에 그친다는 인식이 많다. 그러나 프로이트는 어머니보다 아버지의 위상이 더 중요하며, 아이가 자아를 형성하는 데 있어 가장 큰 역할을 하는 것이 아버지라고 밝히며 아버지와 자식 간의 관계를 강조했다.

"자식을 보면 부모가 보인다."
"훌륭한 자녀 뒤에는 훌륭한 아버지가 있었다."

소개한 문장들처럼 자식과 아버지의 관계를 나타내는 문장은 흔하다. 많은 연구 보고서도 아버지와 자식의 관계 중요성을 증명한다.

현재까지 기부한 금액만 44조를 웃도는 대부호 워런 버핏은 자식들과 깊은 관계로도 유명하다. 아버지가 전 재산을 기부하는 것을 어떻게 생각하냐는 기자의 물음에 그의 자식들은 웃으며 아버지의 뜻이라면 계획을 지지한다고 밝혔다. 버핏은 오랜 시간 자녀와 소통하는 것을 중요시했고, 자녀들에게 자신의 재산과 상관없이 독립적으로 살아야 한다는 삶의 목표를 심어 주었다. 자식들은 버핏의 그런 교육의 영향을 짙게 받았다.

재벌 아버지를 믿고 범법 행위를 서슴지 않는 재벌 2세들의 뉴스와는 비교되는 아버지상이다. 자녀에게 가치 있는 일이 무엇인지를 알려 주고, 삶의 목표, 정의로움과 같은 거시적인 목표를 가르치는 데는 아버지의 영향이 지대하다. 아버지의 삶은 언제나 자식들이 지켜보고 있을 것이며, 그 길을 따라 걸어갈 것임을 늘 명심해야 할 것이다.

여우 같은 남편, 곰 같은 남편

(1) 나의 동반자

 소설가 마르셀프루스트의 말에 "어머니가 20년 걸려 아이를 남자로 키워 놓으면 다른 여자가 나타가 20분 만에 바보로 만들어 버린다"라는 말이 있다. 사랑을 시작할 때는 바보 같아진다는 것이다. 오직 그 사람만 바라보고, 너무나 행복하게 살 거라 믿는다.

 하지만 아쉽게도 결혼 후 대부분 아내는 종종 남편에게 충분히 사랑받고 있다고 느끼지 못한다. 그러나 이것을 개선하려고 노력하지 못한다. 아니 정확히 말하자면, 개선의 노력을 하지 않는 것이다. 남편에게 말하고 의미 없는 말씨름을 하느니, 차라리 본인이 익숙해지고 욕심부리지 않는 것이 빠른 해결책이라고 생각하기 때문이다.

 억울하다며, 자신은 숨은 노력을 아끼지 않았다는 남자들도 분명히 많을 것이다. 하지만 남편이 제아무리 숨은 노력과 정성을 기울여도 부부생활이란 결국 아내가 어떻게 느끼느냐가 중요한 법이다.

결혼의 기간이 길어지면서 중년에 접어든 부부의 생활은 '익숙함'과 '권태'로 채워진다. 그들은 10년이 넘는 기간 동안 함께했다. 10년이 넘는 기간을 한 이성과 살게 되면, 남편뿐만 아니라 아내도 지루함을 느낀다. 지루함은 익숙함으로 변하고, 익숙함에 무감각해지며 권태로 발전한다. 도종환 시인의 「가구」라는 시를 소개한다.

"아내와 나는 가구처럼 자기 자리에
놓여 있다 장롱이 그렇듯이
오래 묵은 습관을 담은 채
각자 어두워질 때까지 앉아 있는 일을 하곤 한다
어쩌다 내가 아내의 문을 열고 들어가면
아내의 몸에서는 삐이걱하는 소리가 난다
나는 아내의 몸속에서 무언가를 찾다가
무엇을 찾으러 왔는지 잊어버리고
돌아 나온다 그러면 아내는 다시
아래위가 꼭 맞는 서랍이 되어 닫힌다
아내가 내 몸의 여닫이문을
먼저 열어보는 일은 없다
나는 늘 머쓱해진 채 아내를 건너다보다
돌아앉는 일에 익숙해져 있다
본래 가구들끼리는 말을 하지 않는다

그저 아내는 방에 놓여 있고
나는 내 자리에서 내 그림자와 함께
육중하게 어두워지고 있을 뿐이다"

   도종환 시인은 부부가 겪는 권태의 상황을 담담하게 시로 풀어냈다. 결혼 후 3년이 지나면 연애할 때의 뜨거움은 남아 있지 않다. 연애한 시절, 뜨거웠던 열정은 프러포즈로 이어져 아내가 될 여자에게 너만을 평생 사랑하겠노라 맹세한다. 신혼 역시 성취감에 충만해 서로를 소유하려는 시도가 돋보인다. 서로 같은 공간에서 하루를 함께하며 친밀감이 극에 달하는 시기기도 하다. 그런 생활이 이어지고 아내는 사랑의 대상이 아닌, 친구 같은 존재로 변한다.

   부부가 친구 같다는 말은 부부가 그만큼 서로에게 편안하고 익숙하다는 의미다. 하지만 편안함과 익숙함이 '권태'로 발전하기도 하고, 익숙함에 속아 서로를 함부로 대하는 일도 있다. 아무리 편안하고 익숙하더라도, 이러한 태도는 부부가 경계해야 할 태도이다.

   시작은 미약할지라도, 편안함에 상대를 함부로 대하는 언행을 한다면 곧 거친 비난의 목소리가 오갈 것이고, 상대방을 자신에게 쓸모없는 존재로 규정하게 되는 결과를 낳을 것이다. 갈등은 더 깊어지고 결국에 부부관계의 파탄으로까지 이어질 것이다. 그 과정은 전에 없던 경험일 것이며, 잦은 충돌과 이별은 부부 당사자들은 물론, 그들의 자녀에게까지 깊은 트라우마를 남긴다. 40대의 이혼

율이 가장 높은 까닭이 여기에 있는 듯하다.

익숙해졌다는 것이 사랑의 끝을 의미하는 것은 아니다. '권태'의 극복이 존재하지 않는다면 수많은 부부상담소와 클리닉은 왜 존재하는 것인가. 익숙해지고, 편안해져도 내 옆에 있는 아내는 나와 반평생을 살아온 동반자이다. 앞으로도 함께해야 할 인생의 동반자. 익숙하고 친구 같은 것이 무슨 문제이겠는가.

(2) 처세술은 사회에서만 필요한 것이 아니다

우디 앨런이 했던 말이 있다. 결혼은 세 개의 '지'로 요약된다고. 약혼 반지, 결혼 반지, 그리고 이게 뭔지….

대다수 남성은 '결혼 생활'에 대해 착각하고 있다. 결혼으로 이루어진 가정도 하나의 조직이자 구성체이다. 그러나 많은 남편이 집은 그런 공간이 아니라고 생각한다. 집에서만큼은 남의 눈치를 보지 않고 좀 편안하게 있어야 한다는 것이 그들의 보편적인 핑계다.

일리 있는 말이지만, 아내의 성격에 따라, 아내와의 관계에 따라 어느 정도는 아내의 기분을 맞춰 줄 수 있는 눈치가 가정에서도 필요하다. 또한, 가정을 구성하는 데 필요한 필수적인 것들이 있으며, 그 부품 하나하나가 맞물려 가정을 유지하는 동력이 되어 준다. 가정을 구성하는 부품이 제 기능을 하려면 가족 구성원의 행동에 결함이 없어야 할 것이다. 부품 중 하나라도 제 역할을 하지 못하면 구성품이 고장 나는 것처럼 결혼 생활도 삐걱거릴 것이 분명하다.

첫째는 성(性)적 통제다. 결혼이라는 제도에는 많은 의미가 포함되어 있다. 사회적으로 허용되지 않는 것도 있을 수 있고, 부부 사이에 암묵적으로 지켜야 하는 규칙들이 존재한다. 결혼함으로써 상대방을 제외한 다른 사람과는 성관계를 갖지 않겠다는 약속이 가장 기본적인 성(性)적 규칙이다.

좀 더 구체적으로 들어가자면, 부부관계는 쌍방의 동의하에 이루어져야 한다. 부부라는 이유만으로 한쪽의 일방적인 요구로 이루어진 성관계는 극히 잘못된 행동이자 범죄다. 합의로 이루어진 관계에도 요구되는 것이 있다. 일방적인 성적 욕구의 해소를 위한 관계는 서로에게 찜찜함만을 남긴다. 당사자 모두가 행복하기 위해 갖는 행위가 부부관계의 진정한 의미다.

현명하고 건강한 부부관계를 위해 그날 아내의 기분과 컨디션을 헤아릴 수 있는 눈치가 필요하다. 준비된 날이면 분위기 좋은 레스토랑에서 저녁을 함께하는 기지를 발휘하고, 가끔은 로맨틱한 향수를 뿌릴 줄 아는 센스가 부부관계를 더욱 특별하게 만들어 줄 것이다.

　둘째는 육아다. 요즘은 낮은 출산율이 문제가 되고 있다. 그만큼 예전보다 살기 어려워졌다는 뜻이다. 이러한 분위기 속 아내에게 둘째와 셋째 계획을 묻기란 쉬운 일이 아니다. 물론 외동은 외롭고, 소통할 가족이 없다는 문제점이 있을 수도 있지만, 아내가 출산의 주체라는 점을 절대 잊어서는 안 된다. 출산은 오로지 아내만이 할 수 있는 역할이고, 내가 대신해 줄 수 없다.

　아내가 아이의 형제를 출산하기를 두려워하는 데에는 많은 요인이 있다. 신체적인 문제가 있을 수 있고, 경제적인 문제와 일상생활에서 겪었던 문제도 포함할 것이다. 첫째를 낳았을 때 보여 준 남편의 행동이 아내를 결정을 망설이게 한다. 남편이 육아에 무관심하고 사회생활에만 신경을 썼다면 그 어떤 아내도 둘째를 갖기를 희망하지 않을 것이다.

　자녀를 외동으로 키울 생각이 없다면, 행동으로 먼저 보여야 한다. 그만한 책임감을 느끼지 못하는 남편에게 아내는 함께 둘째에 대해 의논하지 않을 것이다. 육아의 주체는 남편과 아내지만, 출산의 주체는 아내라는 사실을 잊지 말자. 고생한 아내 곁을 지키며 사랑을 속삭이고, 육아를 도왔던 남편만이 아내와 함께 둘째 계획을 의논할 자격이 있다.

셋째는 애정이다. 가족은 언제나 사랑이 충만해야 한다. 애정과 사랑이야말로 결혼 생활의 핵심 엔진이다. 가끔 싸우고 엇나갈 때도 있지만 그것은 모두 잠깐의 순간일 뿐이다. 애정의 표현 방식에도 재치와 판단력이 필요하다.

표현하지 않고 말로만 사랑한다는 것이 가장 부정적인 사랑의 형태다. 사랑이란 표현과 행동으로 나타나는 것이고, 표현하지 않는 사랑은 말뿐인 공상이다. 아내와 자식 모두 사랑을 느끼는 방법이 다르고, 그 방법에 맞춰 사랑을 드러내는 행동이 필요하다.

자식은 아버지에게 언제 사랑받고 있다고 느낄까. 진심 어린 대화와 특별한 경험을 함께할 때, 백 마디 말보다 더 큰 사랑을 느낄 것이다. 자식에게 고민을 터놓을 수 있고, 그에 대한 솔직한 심정을 고백할 때 자식은 신뢰감을 느낄 것이며, 자신도 아버지와 동등한 가족 구성원이라는 생각이 들 것이다. 낚시와 등산 말고 자식이 가고 싶어 하는 곳에 가는 특별한 여행은 또 어떤가. 자식은 그 어느 때보다 자신이 존중받고 있다고 생각할 것이며, 아버지에게 큰 사랑을 느낄 것이다.

아내는 남편에게 언제 사랑받고 있다고 느낄까. 아내를 대하는 말투 하나만 바뀌어도 아내는 남편에게 사랑을 느낀다. '왜 죽을상이야, 나도 피곤해' 같은 말보다 '어제 무슨 일 있었어? 요즘 피곤해 보이네, 주말에 맛있는 거 먹으러 갈까?'라는 말이 아내에게 사랑을 더 확실하게 표현할 수 있다. 서툴고 어색해도 말투를 바꾸려고 시도해 보자. 확 달라진 애정의 강도를 체감할 수 있을 것이다.

아무 말 없이 아침을 차려 보자. 가사를 돕는 다정한 남편은 오래된 방법이지만, 아내에게 사랑을 표현하는 가장 좋은 방법이다. 아내가 설거지하고 있다면, 옆에 가서 괜히 거들어 보고, 아내가 빨래를 정리하고 있다면 같이 거들자. 내 행동이 아내에게 얼마나 도움이 되겠냐마는 아내는 일보다 중요한 사랑을 느낄 것이다.

평소에 행하는 자연스러운 신체 접촉을 시도해 보자. 육체적 접촉은 사랑을 느끼는 가장 원초적인 방법이다. 부부관계를 할 때만 스킨십을 하는 것보다 평소 다정하게 손을 잡는 행동이 아내를 더 기쁘게 한다. 함께 드라이브를 나가서 사거리에 정차하는 순간에 아내 손을 꼭 잡아 보자. 뭐 하냐며 어색해하겠지만, 싫은 내색을 하지 않는 아내를 발견할 것이다.

마지막으로, 결혼과 관련된 재미있는 자료를 첨부한다. 부디 웃으며 읽어 주길 바란다.

"결혼 전에는 장점인 줄 알았는데 살아 보니 단점인 것."

순서	결혼 전	결혼 후
1)	친구 많고 활발함, 마당발	주 5일 술 먹고 늦은 귀가
2)	정이 많고 의리 있음	가족보다 친구와 일이 우선
3)	나에게 돈을 아끼지 않음	돈을 못 모음
4)	성격이 따뜻하고 다정함	여자 문제로 속 썩이는 부류
5)	어디에서도 친화력이 뛰어남	바람피울 가능성 다분
6)	남자답게 과감하며 뛰어난 추진력	결혼하면 자기 멋대로 행동
7)	가족이 너무 화목함	시댁 식구가 자주 모여 골치 아픔
8)	동안	나보다 어려 보여서 좋은 것이 없음
9)	뛰어난 외모	주변 관리가 어렵고 얼굴값을 함

"결혼 전에는 단점인 줄 알았는데 살아 보니 장점인 것."

순서	결혼 전	결혼 후
1)	내성적이며 친구가 없음	가정적이고 가족이 우선
2)	연애할 때 돈에 인색함	돈 낭비를 하지 않음
3)	약간 무심한 스타일	잔소리가 없고 말에 토를 달지 않음
4)	약간 무정한 스타일	정에 이끌린 사고를 치지 않음(보증)
5)	내 지인과 친해지지 못함	바람피울 확률이 낮음 (낮다는 것이지 아니라는 말은 아님)
6)	약간 우유부단하며 추진력이 없음	아내에게 맞춰서 살아감
7)	가족끼리 무심하고 그냥저냥 지냄	시댁 간섭 없이 편하게 지냄
8)	인물이 안 좋음	주변 관리 안 해도 되니 마음이 편함

(3) 사랑의 형태

사랑은 휘발성이 강하다. 이는 과학적인 조사로도 밝혀진 사실이다. 사랑에 빠지면, 도파민, 세로토닌, 아드레날린, 페닐에틸아민 등 다양한 호르몬이 분비된다. 이 호르몬들은 사람의 중추 신경을 자극해 천연 각성제의 역할을 한다. 이때 제어하기 힘든 열정이 분출되며 행복감에 빠진다. 그러나 시간이 지나며 우리의 뇌는 이러한 호르몬에 내성이 생기며 별다른 감흥을 느끼지 못하게 된다. 우리는 그것을 '사랑이 식었다'라고 표현한다.

과학자들은 호르본의 영향력이 인체에 미치는 기간은 길어야 3년이라고 못을 박았다. 사랑에 빠지고 3년이 넘으면 콩깍지가 벗겨진다는 우스갯소리가 거짓말은 아니었던 셈이다.

중년의 남성에게 아내와 함께한 3년의 세월은 이미 한참 전의 일이다. 연애의 기간이 길었다면, 결혼 전에 콩깍지가 벗겨졌을 확률도 있다. 그렇다면 부부 사이에 사랑은 존재하지 않는 것일까? 어린 자녀에게 '엄마 아빠는 왜 결혼했냐'는 질문을 들어 본 부부는 많을 것이다. 그들은 자녀에게 한결같이 '사랑하니까'라고 대답해 준다. 젊은 연인의 관점에서 바라본다면 '저것이 사랑인가?'라는 의문점을 품을 수도 있다. 하지만 40대의 남편도 아내를 사랑한다. 그것은 틀림없는 사실이다. 다만, 사랑의 형태가 조금 달라

졌을 뿐이다.

 남편이 아내를 사랑하는 방식은, 로맨스 영화에서 표현되는 '사랑'과는 사뭇 다르다. 불타는 사랑도, 매일 같이 특별한 경험을 함께하는 낭만도, 죽음을 불사하는 희생정신도 존재하지 않는다. 하지만 이런 이유로 남편이 아내를 사랑하지 않는다고 단정 짓기는 너무 이르다.

 사랑의 형태에 대한 구분을 위해 예일대학교 심리학 교수 로버트 스턴버그가 주장한 사랑의 삼각형 이론을 소개한다.

> "사랑의 3요소는
> 열정(Passion),
> 친밀감(Intimacy),
> 결심/헌신(Commitment)이다."

 "열정이란 사랑의 동기적이고 뜨거운 측면을 말하며 성적 욕망을 포함한다. '첫눈에 빠진 사랑'이란 열정을 의미한다. 서로 알지 못하는 사이나 상대를 만난 지 얼마 안 되었을 때 상대의 외적인 매력에 끌리는 것은 당연하다. 열정이 없으면 사랑의 시작이 없을 것이고, 열정이 식은 사랑은 긴장감이 없으며 지루할 것이다."

"친밀감은 사랑의 정서적이고 따뜻한 측면을 의미한다. 서로에 대한 믿음이나 유대감으로도 해석할 수 있다. 상대방과 정서적으로 연결되어 있다는 느낌을 받을 것이며, 상대가 나를 도와주고, 지지해주고, 이해해주는 사람이라고 느낄 것이다. 함께 의지하며 의사소통에 무리가 없는 관계다. 친밀감을 쌓기 위해서는, 함께 보낸 시간이 중요한 요소로 작용한다. 또한, 의미 없는 대화가 아닌, 깊은 대화를 많이 나누어야 할 것이다."

"결심/헌신은 사랑의 행동적 혹은 선택적 측면을 대변한다. 다시 말해 책임감이라는 표현으로 해석된다. 사랑의 3요소에서 가장 성숙하고 어려운 측면이다. 많은 이들이 사랑과 연애가 어렵다는 이유로 꼽는다. 단기적으로는 내가 상대방을 사랑해야겠다고 결심하는 것이고 장기적으로는 그 결심을 지속하려는 의지다. 상대의 단점도, 내가 마음에 들어 하지 않는 모습도 함께 맞춰나가고 포용하려는 의지의 결실이다."●

중년의 남성에게 자신이 하는 사랑의 형태를 묻는다면, 십중팔구 친밀감과 결심/헌신에 치중된 사랑일 것이다. 연애 초기의 정열은 식었지만, 아내와 쌓아 온 친밀감과 헌신하겠다는 마음은 더욱더 깊어졌으리라. 사랑의 뜨거움은 식었어도, 사랑을 유지하는

● 에리히 프롬, 『사랑의 기술』, 1956, 황문수 역, 문예출판사

원동력은 부부가 오랜 기간 함께한 세월이 만들어 낸 결과다.

　이러한 사랑의 방식이 젊은 세대에서는 익숙하지 않다. 그러나 이 또한 존중받아 마땅한 사랑의 방법이다. 서로 티격태격하며 평소에는 대화도 몇 마디 나누지 않는 부부라 하더라도, 상대방이 장시간 집을 비우면 심한 허전함을 느낀다.

　스피노자가 말했듯이, 소외된 삶에서 유일한 해독제는 사랑이다. 뜨겁고 불타는 열정이 없어도 다양한 형태로 모습을 변화해 가며 옆에 있는 동반자를 사랑해야 한다. 낭만과 뜨거움이 가득한 사랑만을 추구하는 일생의 말로는 그 얼마나 외롭고 소외될 것인가. 앞서 밝혔듯, 사랑에서 열정의 소멸은 과학적으로도 증명된 사실이다. 그 뜨거운 낭만이 영원하지 못할 것을 모르는 이는 없다. 불타는 사랑을 잊지 못해 과거에 갇혀 있는 삶을 살 것인가, 사랑의 형태를 인정하고 한평생 나와 함께한 아내와 안정된 시간을 보낼 것인가.

　때로는 곰과 같은 우직함으로, 때로는 여우처럼 재치 있는 판단력으로 배우자의 기분을 맞춰 주는 노력도 결국 사랑에서 비롯된 것이다. 두근거리는 심장이 없다고 서운할 것은 하나도 없다. 차분하고 안정적인 사랑의 표현은 그만큼 깊어진 신뢰와 친밀감, 서로를 포용하는 태도를 갖춘 남편이 되었다는 증거다.

우리는 우리의 아버지를 기억하는가

(1) 우리는 어떤 모습을 기억하는가?

남자로 태어났다는 것은 단순히 생물학적인 의미를 넘어서, 주어진 역할과 책임을 다하는 것을 포함한다. 내 인생에서 가장 큰 교훈을 준 것은 바로 나의 아버지였는데, 아버지는 항상 다른 사람들을 돕기 위해 애썼고, 그 모습은 나에게 깊은 감동을 주었다.

어릴 적, 아버지가 무위탁 노인과 소년소녀 가장들에게 필요한 물품을 사서 직접 전달하던 기억이 난다. 아버지는 오토바이 뒤에 큰 상자를 싣고, 직접 그들을 찾아가서 물건을 나눠 주었다. 그 모습은 내 마음에 깊이 새겨졌다. 한번은 아버지가 작은방에서 어린이들에게 음식을 나눠 주며 그들과 함께 식사하는 장면을 목격했었다. 아버지가 음식을 구워 주며 아이들과 함께 웃고 있는 모습은, 그가 얼마나 따뜻한 마음을 가진 분인지 보여 주었다.

또한, 나의 아버지는 결코 화를 내지 않으셨다. 어머니가 무척 힘들어하는 상황에서도 아버지는 단 한 번도 화를 내신 적이 없다.

그런 아버지의 모습은 나에게 큰 영향을 미쳤고, 인내와 자비의 중요성을 깨닫게 해 주었다. 아버지의 차분한 태도와 끊임없는 사랑은 제 인생의 지침이 되었다.

말로만 들어도 가슴이 아려 오는 그 이름 "아버지".

우리는 가장 소중한 나의 아버지에 대해 어떤 모습을 기억하는가?

(2) 내가 아버지의 나이가 되었을 때

1녀 4남 집의 막내로 태어나 고운 정, 미운 정을 다 받고 자란 아버지의 철학은 간단했다.

"중간만 하자."

막내로 태어나 부족함 없이 자란 탓에 삶에 큰 욕심은 없었으리라. 참 아버지다운 철학이었다. 욕심과 야망을 뒤로한 채, 중도와 만족을 알고 그것을 지켜 내는 삶. 처음에는 아버지의 야망이 너무 작다고 생각하기도 했었다. 모름지기 남자라면 포부도 있어야 하고, 돈은 많이 벌수록 좋은 것이 아니었던가. 머리가 좋은 우리 집안 내력 탓에 공부에 대한 두려움은 없었다. 인생과 사업도 마찬가지라고 생각했던 지난날이 있었다. 그러나 내가 아버지의 나이가 되었을 때, 중간만 하며 살아가는 인생이 결코 쉽지 않다는 것을 깨달았다.

남자는 인생을 살면서 한 번쯤 꿈꿔야 하는 야망이 있어야 했다. 남자라면 자신의 이름을 건 사업을 한번 해 봐야 하고, 무너질 때도 있는 법이었다. 남자들의 사회생활에서 사업 실패는 무슨 훈장과 같은 것으로 여겨졌다. 빚더미에 올라 본 경험도 술자리에서는 하나의 안줏거리로 변했다.

덴마크의 발달 심리학자이자 정신분석학자 에릭 에릭슨은 인생의 단계에 따라 성취해야 할 과업을 나이별로 분석하였다. 중년의 나이 대에서는 직장에서, 가정에서, 사회에서 생산성이 가장 중요한 과제라는 분석을 내놓았다. 생산성은 말 그대로 돈을 버는 능력이었으며, 대부분 중년의 남성들이 이 시기에 금전적으로 황금기를 보낸다.

그러나 많은 남성은 재산을 지키려는 시도보단, 자신의 생산성을 더 끌어올리기 위해 평생 접해 보지 않았던 사업을 시도한다. 위의 창업자 정보 자료가 이를 입증한다. 40~50대 남성은 그간 모아 두었던 돈과 대출까지 겸비해 새로운 사업에 도전하고 싶어 한다. 사업이 잘 풀리면 더할 나위 없겠지만, 생소한 분야에 뛰어드는 것은 언제나 위협이 도사리고 있는 법이다.

성공의 단맛과 실패의 쓴맛. 굴곡 있는 인생은 남자의 로망처럼 받아들여질 수 있다. 도전 정신과 자신의 더 나은 생산성을 입증하고 싶은 욕망은 과거부터 있었던 남성의 본능과도 같은 것이기 때문이다. 하지만 그것이 평탄하고 욕심이 없는 '중용의 길'을 부정하는 것은 아니다. 새로운 것을 얻는 것보다 본래 있던 것을 지키는 것이 더 어렵지 않은가.

평생을 사회복지에 몸을 바치신 아버지는 뼛속까지 사회복지사였다. 집에 가져오는 돈보다 밖에다 가져다주는 돈이 더 많았다. 욕심에서 한 발짝 물러나고 중용 철학을 지향한 덕분에 가정생활을 지킬 수 있었으리라. 야망은 좀 덜했을지 몰라도 자리를 잘 지켜 주신 아버지가 있어 형제 모두가 올바른 길을 걸었다고 생각한다. 설이 다가오니, 아버지의 신념과 남들에게도 꼭 얘기해 주는 그만의 철학이 떠오른다.

"도박하지 말 것."
"말을 조심할 것."
"욱하는 성격을 자제할 것."
"여자를 조심할 것."
"계획적인 삶을 살 것."

아버지는 요즘 고은 시인의 「그 꽃」이라는 시가 좋아지셨다고 한다. '내려올 때 보았네, 올라갈 때 보지 못한 그 꽃.' 욕심을 버리니 행복이 보이셨을까. 중간만 하셨던 것이 아닌 중간을 지키기 위해 한평생 노력하셨던 아버지에게 문장으로나마 짧은 감사의 말씀을 전한다.

(3) 아버지도 아프다

앞서 많은 예시를 들었듯, 한국은 급속한 성장을 이룩하며 가정에서 아버지의 역할도 많은 변화를 겪었다. 그러나 많은 변화를 겪었다 하더라도 아직 한국의 아버지는 유교적인 문화를 완전히 벗어나지 못했다. 유교 문화에서 아버지들에게 요구되는 필수적인 것들이 몇 가지를 간략히 소개한다.

아버지는 언제나 체면을 지켜야 했다. 그렇기에 엄하고 자신의 감정과 생각을 드러내지 않았다. 아버지는 언제나 가족들에게 모범이 된다는 사회 분위기도 한몫했으리라. 특히 중년의 아버지는 이러한 영향 속에 성장했고, 변화한 아버지상을 따르는 것에 거부감을 느낀다. 그저 돈을 벌면 가족이 행복해질 것이라는 작은 논리에 기대 오늘도 하루를 살아간다.

하지만 사회는 점점 암울해졌다. 경제 성장률은 물론 부동산 시장마저 얼어붙은 지금은 상황은 더 좋지 않다. 아버지의 유일한 자존심이 희미해지는 것이다. 첫째가 대학에 입학하고, 둘째도 곧 대학교 입학을 앞두고 있다. 돈 빌린 친구의 전화를 피하는 것은 일상이 되어, 작은 모임 자리에도 나가기가 쉽지 않다. 술 한잔에 털어 보려고 집으로 술을 사 가면, 밖에 나가 먹으라는 잔소리를 듣기 십상이다. 자신의 신세가 초라해 누구에게 연락할 수도 없다. 아버지들은 그렇게 가정에서도, 사회에서도 점점 작아진다.

그야말로 죽지 못해 사는 이 시대의 아버지들이다.

실제로 2010년대 초반부터 40대 이상 남성 우울증 환자는 지속해서 증가하는 추세다. 실로 중년의 위기임이 분명한 시대다. 건강 보험 심사 평가원이 조사한 자료에 따르면 중년 아버지가 겪는 우울증 대부분은 '가면성 우울증'이라고 밝혔다. 가면성 우울증은 정식 학명은 없지만, 우울감과 무력감이 겉으로는 드러나지 않으면서 내면적 변화를 초래하는 것이 특징이다. 대개 과도한 피로감과 어깨 통증 등으로 그 증상이 나타난다.

'가면성 우울증'은 현재를 살아가고 있는 아버지들이 겪을 수 있는 가장 큰 정신 질환일 수밖에 없다. 시대가 변하며, 아버지에게 요구되는 다양한 가치들이 추가되었다. 자식과도 친하게 지내야 하고, 양육의 분담, 아내를 존중하는 모습과 과거의 유교적인 아버지의 역할까지. 말하자면 현시대의 아버지들은 '아버지 역할의 과도기'를 겪고 있다. 자신에게 부과된 과도한 부담을 덜어 내는 방법을 전혀 모르고 있다.

현 세대 아버지들은 과거 자신의 아버지가 보여 준 모습과 현 사회 강조되는 이상적인 아버지의 모습 사이에서 무척 고민할 것이다. 내면의 좌절감과 무기력감을 감추는 방법은 본인의 아버지에게서 배웠으리라. 그러면서도 위태롭게 앞으로 나아가고 있다. 이렇게 자신의 감정을 표현하지 않고 극한으로 나아가는 행동은 압력밥솥의 증기가 터져 나오는 것처럼 충동적인 행동으로 이어지는 악순환을 낳는다.

자살을 참았더니 암이 오더라는 우스갯소리가 있다. 그만큼 세월의 신경통을 겪고 있는 이 시대의 아버지들이 많다는 뜻이다. 과거의 잔재와 현시대가 요구하는 아버지의 모습이 충돌하는 지금, 아버지는 갈팡질팡하기 마련이다. 나쁜 경제 상황마저 그들을 외면한 지 오래다. 시대가 아버지들을 불안하게 만들고 있다.

(4) 불안은 영혼을 잠식한다

어린 자녀의 총명한 눈빛에 젊은 아비는 자신감이 충만했었다. 그러나 중년의 나이에 접어든 지금, 아버지는 자신의 아버지가 그랬듯 약해졌으며, 세상 앞에 작아졌다.

짊어진 삶의 무게가 무거워도 티 내지 않았다. 불평불만을 속으로 삭였으며 가족 앞에서 침묵했다. 가정과 사회에서 쌓이는 불안감을 책임감으로 포장해 하루를 살아갔다. 이렇다 할 취미도 여유도 없는 인생을 반복하며 맑은 정신은 견딜 수 없을 만큼 피폐해졌고, 생기가 넘쳤던 육체는 파리해진 지 오래다.

이러한 환경 속에 아버지들은 언제나 불안감을 느낀다. 사회적인 지위, 가장의 지위를 잃을까 봐 언제나 전전긍긍한다. 불안함은 자본주의에서 기인한 것일 수도 있고, 본인의 존재 그 자체에서 오는 불안감일 수도 있다.

키르케고르의 철학에 있어 인간은 절망과 불안과 끊임없이 싸우는 존재다. 그가 생전 남긴 유명한 말을 소개한다.

> "절망은 죽음에 이르는 병이다. 그리고 이 병에 걸리는 것은 인간뿐이다. 인간이기 때문에 절망할 수 있는 것이다."

언뜻 잔인하게 들릴 수 있는 말이지만, 키르케고르는 역설을 통한 철학의 탐구를 즐겼다. 그가 절망과 불안이 죽음에도 이를 수 있는 병이라고 비유한 것은 비단 그것이 부정적인 가치만을 지닌 것이 아니라, 구원에도 이를 수 있는 병이라는 말을 하고 싶었던 것이리라. 그가 주장한 다른 이론도 소개한다.

그는 과거와 미래, 현재가 시간의 한곳에 존재한다고 말했다. 그의 이론에 따르면, 시간은 순간적이며, 현재로만 존재하는 것이라고 밝혔다. 과거는 현재가 지나간 것이고, 미래는 아직 찾아오지 않은 현재이기 때문에 현재야말로 충만하고 영원한 것이라는 주장을 펼쳤다.

아버지가 불안한 까닭은 셀 수 없다. 육체적인 쇠퇴부터 시작해 심리적인 아픔과 미래에 대한 두려움 등 아버지의 불안함은 다양한 이유를 가진다. 이미 황혼의 중간까지 달려온 그들에게 앞으로 남은 일생은 불투명하다. 살아온 경험이 앞으로도 너의 인생은 긍정적으로 바뀌지 않을 것이라고 유혹한다. 불안이 찾아오는 것이다. 그러나 키르케고르는 이러한 말을 덧붙였다.

> "미래는 불안으로 표출되는 영원성이며, 자유의 표현이다. 가능성은 미래와 정확하게 일치한다."

방황하는 아버지의 가장 큰 특징은 미래에 살거나 과거에만 묻혀 산다는 것이다. 그렇게 함으로써 냉혹한 현재를 회피하려는 경향을 보인다. 과거, 자신이 보았던 아버지의 작은 등이 떠오를 것이다. 그때는 몰랐던 가장의 무게를 느끼며, 나도 이제 그의 나이가 되었다는 현실을 자각하는 순간, 불안감은 더 커지기 마련이다.

그러나 현재를 놓쳐서는 안 된다. 어제는 이미 지나간 순간이고, 내일은 아직 우리를 찾아오지 않았다. 불안과 친해지자. 내가 사는 아버지의 현실은 그냥 주어진 것이 아니다. 찬란했던 과거를 뒤로하고 닥쳐올 미래의 두려움을 덤덤하게 받아들이자. 미래는 막막한 것이 아니라 무한한 가능성이 되어 나에게 찾아올 것이다.

이 세상 모든 아버지, 그리고 아버지가 될 이들

(1) 남자로 살아간다는 것

'ERISS 현대리서치' 조사에 따른 한국인의 행복 지수 자료를 첨부한다. 서울을 비롯한 광역시 성인 남녀 1천 명이 조사에 응했다.

남녀 연령대별 행복점수 변화추이

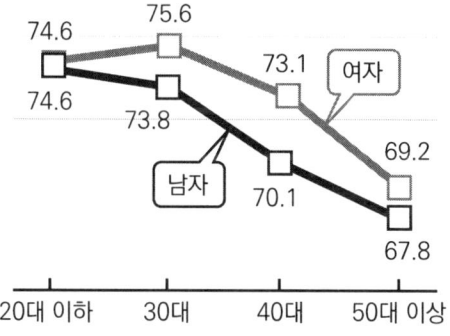

표에서 알 수 있듯이, 남녀 모두 연령대가 높아질수록 행복 지수가 낮아지는 우하향 곡선을 보인다. 또한, 30대를 기점으로 여자

보다 남자가 느끼는 행복 지수가 낮았고, 기혼 남녀가 미혼인 남녀보다 대체로 행복 지수가 높았다.

이와 같은 우하향 곡선형 행복 지수는 한국에서만 예외적으로 나타나는 현상이다. 워릭대학교가 조사한 세계 80개 국가의 행복 지수와는 정반대의 결과가 나타났기 때문이다.

대부분 국가의 행복 지수 그래프는 U자형 곡선을 그렸다. 20대 때 충만했던 행복 지수가 중년에 접어들며 떨어졌다가 노년의 나이에는 다시 상승해 U자의 형태를 나타내는 것이다. 하지만 한국은 중년과 노년기에 접어들수록 행복 지수가 반등하지 않고 계속해서 하향하는 형태를 보인다. 이는 여러 사회적 문제점을 유추해 낼 수 있는 근거 자료가 되어 주기도 한다.

가뜩이나 낮은 한국의 행복 지수에서 남자들은 여자보다 더 낮은 점수를 기록한다. 한국에서 남자로 살아간다는 것. 어디서부터 무엇이 잘못된 것일까.

가장 먼저 경제적인 측면을 언급하고 싶다. 눈부신 성장을 이룩한 한국 경제는 IMF를 기점으로 서서히 주춤거리기 시작했다. 한국 경제는 외환위기 이후 무역 의존도가 급격히 상승하면서 타국에 의존적으로 변했고, 다소비형 산업 구조에서 벗어나지 못했다.

외환 위기를 필두로 성장 잠재력 축소와 수출 시장의 견인력 약화, 금융 시장의 악순환과 미흡한 구조, 경제 불안정성의 지속, 2020년 전 세계를 강타한 코로나바이러스의 위협까지. 경기 침체의 구조를 벗어나지 못한 채 20년이 흘렀다.

이 시기를 경험한 아버지들, 혹은 아버지가 될 이들은 어떠할까. 밀레니엄 시대에 들어서면서 한국에서도 여성 인권 신장의 움직임이 나타났다. 아직 남녀평등으로 향하는 길은 멀지만, 과거보다는 여성 인권의 중요성이 크게 대두되었다.

특히 여성의 직장 생활과 남녀 임금 격차와 같은 문제점은 과거부터 계속 지적되었던 문제다. 2010년대 후반에 들어서면서 논란은 더욱 커졌다. 이러한 흐름에 편승하지 못하는 회사나 기업은 도태되기 마련이다. 아직 부족하긴 해도 '여성 할당제'와 '고용 평등' 등 여성의 사회적 진출을 도우려는 방안들이 뜨겁게 논의 중이다.

그렇다면 남녀의 경제력에 대한 인식은 어떠한 변화가 있었을까. 애석하게도, 아직 한국에서 경제력의 주축은 남성이라는 인식이 강하다. 중앙일보에서 남녀 결혼 비용의 평균을 분석한 결과에 따르면 남성은 1억 4천만 원에서 1억 5천만 원 정도를, 여성은 약 6천만 원에서 7천만 원 정도를 부담한다고 한다. 이는 남성의 결혼 비용이 여성보다 2배 이상 부담하고 있다는 계산이 나온다.

"남자는 집, 여자는 혼수."

여성의 사회적 진출이 늘어나고 있다. 일자리는 한정되어 있는데 경쟁력이 높아지니, 도태되는 남성도 생기기 마련이다. 남자들끼리 서로 끌어 주고 밀어주는 문화가 약해졌기 때문이다. 하지만 남성이 여성보다 결혼 비용을 더 부담해야 한다는 인식은 변하지 않았다.

이는 일종의 문화 지체 현상에도 비유할 수 있는데, 결혼 전 남녀의 사회 활동에 큰 격차가 없다면, 둘의 결혼 비용에 대한 부담 비율도 달라져야 하는 것이 옳다. 그러나 결혼 비용에 대한 인식의 변화는 크게 나타나 있지 않다. 한국에서 경제적인 이유로 결혼을 포기하는 남성들이 늘어나고 있는 현실이 안타깝다.

(2) 남자는 만능 해결사가 아니다

몇 년 사이 아들보다 딸을 더 선호하는 부모들이 많아졌다. 부모가 나이를 먹어도 항상 세심하고 꼼꼼하게 챙겨 주는 것이 그 이유일 것이다. 남존여비 사상이 역전된 긍정적인 변화라고 생각한다. 하지만 부모가 아직 아들에게만 기대하는 부분도 있다. 딸이 부모를 모시고 살 것이라는 기대는 적다. 그러나 아들 가족이 부모를 부양해 줄 것이라는 인식은 변화하지 않았다. 남자는 가정에서도, 사회에서도 끊임없이 '책임'이라는 무거운 짐을 짊어지고 살아간다.

남성은 무슨 일이 있더라도 잠자코 문제를 해결해야 한다. 그러나 역설적이게도, 남성이 직면하는 문제에는 아무도 관심을 주지 않는다. 일상에서 쉽게 찾아 볼 수 있는 사례를 소개한다.

여자친구와 6개월을 교제한 이 씨는 최근 결혼을 앞두고 큰 고민에 빠졌다. 결혼을 예정대로 진행해야 할지, 파혼을 결심해야 할지가 그 고민의 정체였다. 그저 사랑하는 사람과 함께하는 것이 '결혼'이라고 생각했던 이 씨의 생각이 큰 착각이었다는 사실을 깨달았기 때문이다.

처음 그녀를 만났을 때, 이 씨는 그녀의 외적인 아름다움에 빠져버렸다. 아직 어색한 연애 초기에는 둘의 성격 또한 무난했으리라. 둘은 급속도로 서로에게 빠져들었고, 교제한 지 얼마 지나지 않아 결혼을 결심하게 되었다.

그러나 서로에 대해 깊게 알지 못하고 서두른 결혼이 결국 파국으로 치닫는 계기가 되었다. 집과 혼수 문제는 둘째 치더라도, 이 씨가 감당해야 할 문제가 너무나도 많았다.

결혼식 전에 아이가 먼저 생긴 탓에 결혼식 준비는 분주했다. 예비 아내가 될 여자 친구는 빠르게 진행되는 결혼 준비가 마음에 들지 않았다. 임신 후에는 부쩍 예민해져 나중에는 예비 남편에게 자신이 겪는 모든 감정을 털어놓기 시작했다. 자신이 지금 처한 상황의 불만부터 시작해, 이 씨가 자신이 원하는 대로 행동하지 않으면 심한 말을 퍼붓기 일쑤였다. 본인도 자신의 행동이 잘못되었다는 것을 알지만 이 씨에게 가하는 일방적인 감정의 폭로를 멈추지는 못했다. 이 씨는 예민한 상황에 놓인 아내의 처지를 이해하면서도, 결혼 외적인 문제에도 신경 써야 하는 현실에 스트레스를 받았다.

비단 아내만이 이 씨에게 문제를 던져 준 것은 아니었다. 이 씨의 어머니는 장손의 결혼에 심혈을 기울였다. 아내 측 집안에 바라는 혼수부터 시작해, 신혼집의 실내 장식, 사소한 가구 배치까지 간섭했다. 사사건건 짚고 넘어가는 어머니의 간섭은 이 씨에게 크고 작은 문제를 제시했다. 이 씨는 어머니의 걱정이 이해되었지만, 결혼식 준비만으로도 매우 괴로워 어디로든 도망치고 싶었다.

이 씨 개인이 겪는 문제도 많았다. 바쁜 결혼 준비와 양가 균형을 맞추는 중간자의 위치, 아내의 위로까지 해 주어야 하는 이 씨는 눈코 뜰 새 없이 바빴다. 당연히 회사 일에서도 실수가 나오기 마련이었다. 상사의 눈치와 자신의 업무 실수에서 오는 스트레스가 이 씨를 옥죄었다. 남자니까 이겨 내야 되고 약한 모습을 보이면 안 된다는 생각과 모든 것을 그만두고 싶다는 생각이 공존했다. 결혼을 앞둔 이 씨는 이러지도 저러지도 못하고 고통받고 있었다.

남자는 해결사가 아니다. '남성'이라는 이유로 모든 것을 다 떠안고 책임져야 하는 의무는 없기 때문이다. 그러나 대부분 사람이 남자의 노력을 당연한 것으로 치부해 버린다. 남자기 때문에 해결해야 하는 것이라고 여기는 사회의 인식이 남자를 고통스럽게 만든다. 심지어 같은 남성들조차 남자들에게 고맙다는 따뜻한 소리보다 '더 잘할 수 있잖아?'라고 되묻는 것이 일반적이다. 우리는 도대체 어떤 삶을 사는 것인가.

(3) 벼랑 끝의 남자들

한국의 남자들은 다양한 유교적 가치와 급격히 변화하는 과도기를 겪고 있다. 유교적 가치와 새로운 변화의 결합 때문에 자신을 스스로 옭아매는 콤플렉스에 빠지기 쉽다. 남자의 일생을 더욱더 힘들게 만드는 몇 가지 콤플렉스를 소개한다.

첫째는 효자 콤플렉스다. 효자 콤플렉스란 대개 30~40대 남성에게 흔하게 퍼져 있는 인식으로 복종과 순종이 효도라는 착각에서 시작한다. 과거부터 한국 사회에서 부모님께 효를 다하는 것은 더없이 훌륭한 덕목으로 받아들여졌다. 아들은 부모님에게 선택을 미루고 양보하는 것이 미덕이라 생각한다. 효도를 제대로 하지 않으면 사회와 가족들로부터 불효자로 낙인찍힐 것이라는 불안감에 자신의 행동을 쉽게 바꾸지 못한다.

하지만 성인이 된다는 것은 부모의 품을 벗어나 하나의 독립적인 인간이 된다는 것을 뜻한다. 하지만 결혼을 하고 나의 가정을 이룬 뒤에도 부모에게 의존하려는 경향을 보인다면 커다란 문제가 있는 것이다. 나의 가정과 부모님의 가정, 둘 다 지켜야 하는 강박은 결코 남자를 행복하게 만들 수 없다.

남자는 두 배로 일해야 할 것이며, 두 배로 신경을 써야 하고 함께 있는 아내는 고통받을 것이다. 이미 착한 아들에게 익숙해진 부모님은 아들의 사소한 의사 결정에도 쉽게 토라질 것이다. 서양과 동양의 가장 큰 차이점은 태어난 자식을 독립한 인격체로 받아들이느냐, 나에게 종속된 인격체로 받아들이느냐는 것이다.

양육이 고통으로 인식되는 시기는 지났다. 부모에게서 독립하는 것을 두려워하지 말자. 현명한 부모는 심리적으로 자녀에게 의존하지 않는 법이다. 모든 것은 나의 가정을 지키는 것에서부터 시작된다. 지켜야 할 가정이 두 개라면 그 일생은 얼마나 피곤하고 고될 것인가. 착한 아들 콤플렉스에서 벗어나는 것은 불효가 아니다. 나의 인생을 올바르게 살아가는 것이 효도의 참된 의미일 것이다.

두 번째는 능력 콤플렉스다.

"남자는 능력이 있어야 미인을 얻는다."

우리에게 너무 익숙한 이 문장은 사실 반은 맞고 반은 틀린 말이다. 물론 무능력함은 자신이 타인보다 노력이 부족한 삶을 살아왔다는 증거가 되기도 한다. 쉽게 포기하고 타협하려는 성격의 사람의 결과물이라는 인식도 존재한다. 그러나 언제나 능력과 노력이 비례하는 것은 아니며 세상은 그렇게 단순한 이치로 돌아가지도 않는다. 시대가 변하며 능력의 기준과 관점도 크게 달라져 다양한 능력이 존중받는 시대이지만, 아직도 '능력'에 열등감을 가진 남자들도 존재한다.

'능력'에만 목매는 남자들의 삶은 어떤가. 이들은 열등감에 사로잡혀 학력, 연줄, 자격증 등에 민감하게 반응한다. 이들에게 중요한 것은 노력과 목표가 아닌, 타인의 성공보다 나의 성공이 강조되는 이기심과 요령이다.

능력에 목매는 남자는 다른 사람보다 뛰어나고 성공해야 한다는 강박 관념에 평생을 시달린다. 이상과 현실의 간격을 좁히지 못하니, 본인의 삶에 평생 만족하지 못한다. 타인의 능력과 노력에 진심으로 기뻐해 주지 못할 것이며, 그의 주위 사람들은 지쳐

갈 것이다.

능력과 성공의 잣대는 주관적이다. 중요한 것은 내가 타인보다 뛰어난 능력을 갖춘 것이 아닌, 내가 가진 능력에 대한 자신감과 만족감일 것이다.

세 번째는 남성성의 상실 콤플렉스다. 남자 대부분이 겪는 콤플렉스이며, 자신을 스스로 벼랑 끝으로 몰아가는 위험한 콤플렉스다.

"거대하고 강한 남자가 되어 사회적 인정을 받겠다."

'능력 콤플렉스'와도 맥락을 같이하지만, 다른 점이 있다. 남자들이 어린 시절부터 받아 온 허위적인 남성성의 강요와 성공이라는 강박 관념이 합쳐져 나타난 결과다. 남성성의 상실을 매우 두려워하며 타인에게 부정적인 평가를 받는 것을 꺼린다. 어린 시절에는 주먹싸움을 잘하는 학생을 따르는 것, 서열이 중시되어 선배에게 무한한 충성을 하는 것 등이 남성성을 잃지 않는 방법이라 생각한다.

남성성 상실에 대한 콤플렉스는 여러 방면에서 나타난다. 후배나 동생의 성공을 참을 수 없는 것도 남성성 상실에 대한 두려움이다. 선배로서 위계질서와 권위를 강조하며 후배를 경쟁자로 보기 때문에 항상 경계한다. 후배가 나보다 더 성공하는 것을 쉽게 받아들이지 못한다.

여성과의 대립도 콤플렉스의 연장선이다. 여성은 남성보다 지식과 교양이 떨어지며, 비논리적이며 감정적인 성별이라고 단정 짓는 것이 가장 흔한 예시다. 남성은 여성과 다르게 문제 해결 능력이 뛰어나며 합리적, 이성적이라는 잘못된 통념을 갖고 있다. 여성이 남성의 상사로 승진하면 이해하지 못하고, 여성을 하대하는 태도를 보이며 자신의 존재감을 잃지 않으려고 한다. 여성보다 자신의 지적 우월감이 더 뛰어나다고 생각한다. 또한, 여성과 겨뤘을 때 무조건 이겨야 한다는 강박 관념에 사로잡힌다.

이처럼 남성은 마음 편히 살아가기 힘든 세상에 살고 있다. 이런 콤플렉스들에 잠식되어 자신의 인생을 옭아맬 필요는 없다. 강박 관념을 내려놓고 마음을 조금 편하게 먹어 보는 것은 어떨까. 벼랑 끝에서 한 걸음 물러나면 더 아름다운 풍경이 보일 것이다.

(4) 비상구

현대인이 많이 경험한다는 '번아웃 증후군'에 대한 간단한 설명을 첨부한다.

"의욕적으로 일에 몰두하던 사람이 극도의 신체적, 정신적 피로감을 호소하며 무기력해지는 현상."

지인은 올해 초 영업부장으로 승진했다. 수십 년 전 신입사원으로 시작해 피나는 노력 끝에 오른 자리였다. 사내 영업부장 직위는 명성이 높았다. 결재와 부하들 관리만 하는 쉬운 업무와는 반대로 임금도 가장 높고, 인사에 대한 권한도 어느 정도 가질 수 있었기 때문이다.

일 하나는 똑 부러지게 한다는 지인이었기에 업무상의 문제는 없었다. 하지만 영업부장이라는 높은 지위를 가졌음에도 지인은 계속해서 마음 한구석이 공허해지는 것을 느꼈다. 직원과 부서의 활력을 극한으로 끌어올리고, 업무 방향을 설정해야 하는데 정작 지인은 열정이 없었다. 말단 사원에서 부장 자리에 오르기까지 수많은 인정을 받았던 그였다. 경쟁자를 이기고 가정을 지키며 올라온 자리. 그러나 그에겐 이 모든 것이 무의미하다고 한다.

"아무것도 안 하고 싶다."

요즘 지인이 계속해서 드는 생각이라고 한다. 낮아진 업무 강도에 시간은 남아돌았다. 잠을 자도 몸이 피곤하고 나른함이 풀릴 생각을 하지 않는다고 한다. 머리도 멍하고 새로운 생각을 하는 것에 두려워진다고.

늦은 오후가 돼서야 지인의 매너리즘은 조금 풀린다. 컨디션이 조금 나아지는 퇴근 시간에 직원들과 함께하는 회식 자리에서 그날 기분이 최고로 좋아진다. 익숙해지다 보니 업무도 대충하게 되고 이제는 온종일 퇴근 후 술자리만 떠올린다고 한다. 집에 누워 휴일을 보낸 지는 꽤 되었다고 한다. 아내는 편히 쉬라고 하지만, 가족에게 미안하다고 한다. 벌써 6개월이나 이렇게 살고 있는데, 이렇게 살 거면 왜 사는지 이유를 알고 싶다고 한다. 언제나 활력 넘치던 그가 그립다.

인생의 가치란 무엇일까. 지인은 무엇을 위해 그렇게 달려왔던 것일까. 이렇다 할 취미도 없고, 쌓아 둔 스트레스를 풀 방법도 몰랐던 지인은 오늘날 남성들의 초상이다.

우울증은 스트레스와 상처에서 나온다. 스트레스와 상처를 올바르게 해소하지 못한 채 수십 년을 살아가다 보면 허무함과 우울감이 밀려드는 것은 당연한 일이다. 지인과 비슷한 아버지들 혹은 아버지가 될 이들이 많을 것이다.

인생의 의미를 다시 점검할 수 없다면, 살아야 할 이유를 알지 못한 채 살아가는 것과 다름없다. 그러나 남자들은 자신이 해결사가 되기 위해, 성공하며 내가 남자임을 증명하기 위해 다른 가치는 생각하지 않고 달려왔다. 고통 속에 살아가는 나 자신을 외면하면서까지 행복은 뒷전으로 미루어 버리면서까지, 달리고 또 달렸다. 이들에게 인생의 의미를 되돌아볼 시간은 없었을 것이며, 그럴 생각조차 하지 못했을 것이다.

 자신을 외면한 채 '남성'으로만 살아온 삶에 마땅한 돌파구는 없다. 똑같은 삶으로부터 탈출할 비상구도, 조력자도 없다. 고통스러운 삶을 살아가는 이들에게 아쉬운 위로를 건넨다. 더 늦기 전에 자신을 되돌아보고 삶의 의미를 다시 점검해 보는 것은 어떨까. 사나이도 남자이기 이전에 사람이다. 남자라는 이유로 겪어야 하는 수많은 난관, 콤플렉스, 강요와 강박 관념은 모두 타인과 사회가 만들어 낸 의미인 것을 잊지 말아야 할 것이다.

남자가 남자에게

(1) 타임머신이 있다면

누구나 타임머신을 타고 과거로 돌아가 미래를 바꾸는 상상을 해 본 적 있을 것이다. 과거의 나에게 인생을 바꿀 수 있는 조언을 해 주는 상상은 그 자체만으로 즐겁다. '사업에는 손대지 마라, 중학교 동창 아무개를 멀리해라, 지금은 싫어도 공부에 집중해라' 등등 그 시절의 나에게 해 주고 싶은 이야기가 있다면 지금 우리의 삶은 얼마나 바뀌었을까. 나이에 상관없이 모든 남자에게 해 주고 싶은 조언을 몇 가지 소개한다.

계획과 목표가 생기면 무조건 행동으로 옮겨야 한다. 청소년과 성인의 가장 큰 차이점은 '추진력'일 것이다. 매미가 울고, 햇빛이 내리는 날 무서울 것 없이 산속을 누볐던 과거 자신의 모습을 떠올려 보자. 걱정과 불안감은 뒷전이고 하고 싶은 것은 망설임 없이 시작했던 우리의 지난날이 생각날 것이다. 하지만 나이가 들어 가면서 이러한 과감성은 퇴색하기 마련이다.

성인이 된 후에는 수천 가지 계획과 수천 가지 방법이 있어도 행동으로 옮기기 어렵다. 생각이 너무 많아지기 때문이다. 목표를 달성하지 못했을 때 나에게 돌아올 위험성을 간과하기 쉽지 않다. 시간적인 여유도, 금전적인 여유도 부족하므로 더 완벽한 목표와 계획에 집착한다.

완벽한 목표와 계획에 대한 집착은 행동을 계속해서 지연시킨다. 불안함 때문에 쉽사리 도전하지도 못할 것이다. 그러나 행동이 없다면 아무런 변화는 일어나지 않는다. 실패의 화살을 불확실한 현실로 돌리지 않아야 한다. 인생에서 한 가지도 확실한 것은 없다. 모든 것은 확률로 이루어져 있고 그 성공의 확률을 조금이라도 높이기 위해 부단히 노력하는 것이다. 충분히 생각하고 결정했다면, 곧바로 행동하자.

적당한 개방과 폐쇄를 배워야 한다. 살아가다 보면 사나운 짐승과 같은 사람을 마주치기도 한다. 이들은 사랑받는 법과 주는 법을 알지 못해 주위에 손해를 끼친다. 누구를 막론하고 비난할 것이다. 상처 주는 말로 상대를 괴롭게 만들면서 친구도, 소중한 사람도 그들에게서 점점 멀어진다. 그들의 눈에는 세상만사가 마음에 들지 않을 것이다

그들은 뛰어난 재능이 있음에도 마음을 닫고 자신과의 소통에만

집중하려는 경향이 있다. 시도 때도 없는 험담으로 타인을 깎아내리느라 시간을 허비해 자신에게 올 좋은 기회를 모두 흘려보낸다. 반면 지혜로운 사람은 포용성과 용서하는 마음을 가졌다. 부정적인 측면보다 긍정적인 측면에 집중하고, 타인과 자신의 가능성을 극대화하기 위해 노력한다. 기회는 살면서 세 번 찾아온다고 했던가. 그것을 잡을지 말지는 나의 성향에 달렸다.

 늘 마음을 열고 포용하면서, 한편으로는 날카로운 야수의 이빨을 경계해야 한다. 포용성은 타인과 나의 가능성이 되어 줄 것이고, 적당한 의심은 상황을 점검하는 시각을 키워 줄 것이다. 마음의 문은 활짝 열어 놓는 것도 좋지만, 반보다 조금 더 열어 놓는 것이 가장 적당할 것이다.

 나의 신념에 자신감을 가져야 한다. 내가 옳다고 생각하는 것은 밀어붙일 줄 아는 뚝심이 필요한 것이다. 두 가지가 선행되어야 큰 무리가 없는데, 올바른 가치관과 용기다. 올바른 가치관을 따르고 있다면, 내가 옳다고 생각하는 것이 다른 사람의 시각에도 올바르게 보일 것이다.

 결정은 가끔 타인과 자신의 삶을 송두리째 바꾸어 버릴 수 있다. 그만큼 커다란 결정을 내릴 때는 수많은 정보와 시행착오를 검토해야 한다. 이때 진실과 거짓을 판가름하는 것이 결정에 크게 관여

한다. 올바른 가치관과 물러서지 않는 용기로, 모두에게 긍정적인 결정을 내릴 수 있는 역량을 길러야 한다.

비난에 유혹되지 말라. 비난은 달콤한 것이다. 근거 없는 비난은 타인을 깎아내리며, 나의 자존감을 높여 주는 수단이 되어 준다. 그것은 곧 습관처럼 나의 삶을 잠식할 것이고 종국에는 자신을 불평불만이 가득한 사람으로 바꿔 버린다. 사람은 누구나 객관적인 시각을 갖지 못한다.

나의 일그러짐으로 타인을 바라보고 비난하지 말아야 한다. 그것은 잠깐의 자기합리화의 방법이 되어 줄 수는 있어도, 근본적인 해결 방법은 결코 아니다. 타인이 나보다 능력이 있다면 현실을 받아들이고 더 나은 사람이 되는 방법을 모색해야 할 것이다.

누구나 완벽하지 않다. 인간은 모두 불완전하기 때문이다. 나 또한 부족한 점이 있는 사람이라는 것을 인식하면 다른 사람을 쉽게 비난할 수 없다. 비판과 비난은 다른 것이다. 무엇을 개선해야 하고 해답을 찾아야 할 때만 건설적인 비판을 가하고, 맹목적인 비난은 멀리해야 한다.

예의를 갖춰라. 나의 기분에 상관없이 소나무처럼 남을 배려하는 자는 어느 곳에 가도 인정받는다. 예의를 아는 자는 깊이가 느껴지기 마련이다. 자상함은 둘째 치더라도, 가정교육과 기본이 되어 있는 사람이라는 느낌을 받는다.

아무리 화가 나도 나의 감정을 완전히 드러내는 것은 위험한 일이다. 그것은 더 큰 감정의 동요를 불러일으키기 때문이다. 처음에는 격한 대화로 시작해 모욕으로 발전하고 종국에는 폭력으로 변할 수도 있다. 화나는 일이 있어도 자신의 감정을 차분하게 다스릴 줄 아는 것이 필요하다.

자기 기분대로만 타인을 마주하면 주위에 아무 사람도 남지 않는다. 내 사람을 만들고 싶다면 내 기분이 태도가 되지 않도록 노력하자. 나보다 남을 위하는 태도를 보인 이들은 아무리 세월이 흘러도 타인의 기억 속에서 잊히지 않는다.

모르는 것에 침묵하라. 비트겐슈타인은 자신의 저서인 『논리-철학 논고』에서 이렇게 말했다.

"말할 수 없는 것에 대해서는 침묵해야 한다."

본래는 과학적 사고방식의 수립을 이해하기 위한 문장이지만, 지금은 내가 모르는 것에 대해 함부로 이야기하지 말라는 격언으로 더 자주 사용된다. 혀는 입속에 든 날카로운 칼이다. 그것은 인체에서 가장 작은 기관 중 하나지만, 타인의 삶을 무너뜨릴 수 있는 무서운 무기이기도 하다. 잘못하여 내 입을 떠난 언어는 업보가 되어 돌아와 반드시 나를 찌르기 마련이다.

사실을 말하되, 어정쩡하게 알고 있는 사실을 진실인 것처럼 왜곡하여 내뱉지 않아야 한다. 또한, 잘 모르는 분야에 대해 의견을 내야 한다면, 남에게 상처를 주거나, 오해를 사지 않도록 주의해야 한다. 진실이 없는 내 생각을 말할 때는 그 표현을 온화하게 하여 듣는 이에게 부드럽게 전달될 수 있도록 하자.

(2) 남자 대 남자로

의리의 사전적 의미를 소개한다.

"사람과의 관계에서 지켜야 할 바른 도리."

인간관계에서 지켜야 할 도리를 가리키는 뜻의 '의리'는 지금 생각해 보아도 좋은 의미를 내포하고 있다. 그러나 현대문명 속의 '의리'는 그 뜻과 표현이 많이 부정적으로 변한 것 같아 아쉬움이 많다. 계산적이고 현실적인 자본주의 사회에서 '의리'에 휩쓸려 공정성을 헤치는 것에 대한 부정적인 의견이 많은 까닭인 듯싶다.

중국인이 가장 사랑하는 삼국지의 등장인물은 누굴까. 인덕을 갖춘 유비도, 지혜를 갖춘 제갈량도 아닌 '관우'였다. 청룡언월도를 오른손에 쥐고 적진을 누비며 긴 수염을 휘날리는 관우의 멋진 모습 때문만은 아닐 것이다. 중국인은 유독 관우에 대한 사랑이 특별하다. 관우가 제아무리 멋진 모습으로 역사에 기록되었다 하더라도 공자와 비슷한 성인의 반열에 오른 것은 조금 의문이다. 현실감을 위해 사진을 첨부한다.

중국은 성인의 무덤을 임(林)이라 부른다. 두 개의 임(林) 중 하나는 공자의 묘인 공림이고, 다른 하나는 관우의 무덤인 관림이다. 관우가 중국에서 칭송받는 이유를 간략히 소개한다.

관우는 후한 말의 인물이자 유비 휘하의 가장 강한 무장, 자는 운장으로 삼국지를 대표하는 인물 중 하나다. 관우는 현재의 북경 근처인 탁현에서 유비와 장비를 조우하고 그곳에서 의형제를 맺는다. 이후 수많은 날을 함께하며 그 의리를 저버리지 않는다. 정사 삼국지의 내용에 의하면 관우는 안량을 참수하고, 후에 조조와의 인연도 겪는다. 형주에 남아서 참수당하기 직전까지 촉을 방어하며 생을 마감한다.

관우의 일생이 남자들에게 시사하는 바는 크다. 그가 줄곧 의를 중시하며 살아왔기 때문이리라.

삼국지연의에 따르면, 조조는 많은 계략을 펼쳐 관우를 잡는 데 성공한다. 자신의 심복으로 삼기 위해 관우에게 온갖 후한 술자리를 대접한다. 장군의 벼슬은 기본이거니와 제후에 봉한다. 그러나 수많은 금은보화와 미녀의 유혹에도 관우는 넘어가지 않았다. 다만 관우는 조조에 대한 감사의 표시로 조조 군을 이끌고 전투에서 승리하였으며 유비의 아내들과 함께 유비에게 떠난다.

마궁수와 같은 직책에 머물던 관우에게 장군의 벼슬은 견뎌 내기 힘든 유혹이었으리라. 제후에까지 봉해졌다는 것은 평민 출신 관우에게는 엄청난 명예였다. 관우는 무엇 때문에 자신에게 주어진 부귀영화를 뒤로하고 주군을 찾아 떠났을까. 조조를 떠나기 전

조조에게 남겼던 관우의 말을 소개한다.

"조조 공께서 저를 후하게 대해 주신 것을 잘 알고 있습니다. 그러나 저는 유비 장군에게 깊은 은혜를 받았기 때문에 그를 배신할 수 없습니다."

그가 조조를 떠난 이유는 무엇일까. 그것은 국가에 대한 의리가 아니었다. 민중에 대한 의리도 아니었다. 그것은 유비라는 개인에 대한 의리였다. 조조는 훗날 관우의 무덤에서 이렇게 읊조린다.

"운장, 잘 지냈는가? 자네는 주인을 잘못 만났어. 자네는 나를 섬겼어야 했어. 하지만, 만약 자네가 나에게로 왔다면 나는 자네를 지금처럼 높이 생각하지 않았을 걸세. 운장. 잘 가시게."

자본주의 사회에서 가장 중요한 것은 '실리'이다. 그러나 가끔은 실리보다 의리가 더 중요할 때도 있다. 남자들은 가끔 이해할 수 없는 약속을 한다. 나도 마찬가지다. '남자 대 남자로 약속하자!'가 그 예시다. 자신의 이익을 전혀 고려하지 않고 희생을 감수하면서까지 위험으로 뛰어드는 것은 무슨 이유일까. 같은 성별만이 지닐 수 있는 끈끈한 의리 같은 것이 있기 때문이다. 그것이 때로는 실리보다 더 중요한 가치라는 것을 우리 모두 어렴풋이 알고 있기 때문은 아닐까.

(3) 당신의 잘못이 아니다

회사 난간이나 베란다에서 흡연하며 퀭한 표정으로 밑을 바라보는 남자들이 많아졌다. 그만큼 우리 사회 우울한 남자들이 많아졌다는 뜻이다. 중년에 접어들며 지친 남자들은 마음속에 각자의 우울증을 품고 살아간다. 잡지에 나오는 우울증 자가 진단을 해 본다면 아마 대부분 깜짝 놀랄 것이다.

"엄마. 다음 생에는 여자로 태어나고 싶어요. 여자들은 똑똑하고 뭐든지 잘하고 선생님에게 칭찬도 많이 받아요."

최근 기사에서 읽은 문장을 소개한다. 초등학교 남자아이들의 장래 희망 중 하나가 다음 생애는 여자로 태어나고 싶은 것이라니. 남자들의 고통은 비단 중년만의 문제는 아니다.

사회는 남자는 여자보다 일처리가 느리고 뒤처지는 것이 당연하다고 생각한다. 여자는 야무지며 주어진 목표에 대해 끊임없이 노력한다는 인식이 강하다. 이러한 흐름 속에서 우리의 자식들은 여자아이들과 비교해 스스로 못났다는 심리적 위축감이 강할 수밖에 없다. 최근에는 남자아이들만을 위한 보습학원, 미술학원, 태권도 학원 등이 강세를 보인다. '남아 전용 미술학원'은 4년이 채 되지 않아 본원과 분원을 포함한 17개의 점포를 전국에 두고 있다.

그의 인터뷰 자료를 첨부한다.

"처음에는 이 정도로 호응이 좋을 줄 몰랐어요. 남자들만 모아 가르치면 다른 결과가 나오지 않을까? 하는 작은 프로젝트로 출발했는데, 2~3개월 만에 대기자가 100명이 넘을 정도로 반응이 뜨거웠어요."

남자아이는 또래의 여자아이들보다 근육의 발달이 미흡하고, 공감 능력이 떨어진다. 이는 곧 부모와 선생님들에게 산만하다는 인식을 주기 충분하다. 여자아이가 꼼꼼하게 색을 칠한다면, 남자아이들은 도통 알 수 없는 장난을 치기 때문이다. 수업과 많이 벗어나는 주제에 집중하고 형형색색의 크레파스를 도화지 전체에 칠하기도 한다. 남녀 공용 미술학원에서 남자들은 줄곧 교정을 받고 여자들은 칭찬을 받는다.

그러나 집에 돌아오면 상황은 다르다. 아버지는 아들의 상황도 자세히 알지 못한 채 그저 남자답게 행동하라는 조언을 할 뿐이다. 아들은 그런 성질의 것이 아니라는 이야기를 토로하기에는 아직 너무 어리다. 부모님의 조언은 자식에게 도움이 되지 않고, 그렇게 아들은 자라나기 마련이다.

남자들은 여자 앞에서 자신감을 잃는 것은 물론 수업과 같은 하나의 목표에 집중하지 못한다. 남자아이를 대상으로 한 미술학원이 성공한 것도 이러한 현실을 집요하게 파고든 결과일 것이다. 잘난 여자들과 경쟁할 일이 없으니, 심리적으로 위축되지 않고 에너지를 마음껏 발산할 수 있을 것이다. 아이가 학원에서 창의력을 펼치면 원장은 부모에게 자랑하고, 부모는 기뻐할 수밖에 없다. 그러나 그들은 모두 진정 아이가 바라는 것에는 신경 쓰지 못한다.

그러나 아이들뿐만이 아니다. 나이와 관계없이 한국 남자의 심리적인 위축은 세계적으로도 유명하다. 서울대학교 의대 겸임교수 이나미 심리분석연구원장은 이 현상을 '한국 남성의 심리적 거세'라고 표현했다.

날이 갈수록 자신보다 뛰어난 여성은 많아지므로 과거 주입받았던 '남성으로의 책임감'을 짊어지는 것이 점점 버거워지기 때문이다. 자신의 모습을 찾지 못한 채 스트레스를 받는 남성들이 팽배한다. 그러나 그들은 자신의 고통을 어느 곳에도 이야기하지 못한다. 그렇게 교육받고, 그렇게 해야만 할 것 같다는 것이 이유다.

인터넷에서 소개된 「불쌍한 한국 남자」라는 글을 첨부한다. 부디 웃으며 읽어 주길 바란다.

5살	소꿉장난 도중 엄마 역할을 맡은 아이가 돈 벌어 오라고 한다.
7살	발을 헛디뎌서 우는데 남자는 울면 안 된다는 명언을 듣는다.
10살	남자답게 행동하지 않으면 괴물이 잡아간다는 협박을 듣는다.
14살	남녀공학 학교인데 무거운 것을 옮길 때는 남학생만 소집한다.
21살	전공 책을 펴 놓고 공부하려고 했더니 국가의 부름을 받는다.
24살	취업을 위한 공부 중 공무원의 대다수가 여자라는 속보를 듣는다.
35살	회사를 때려치운다고 선언하려 하니, 저녁에 아내와 자식이 서로 싸운다.
45살	머리숱이 점점 없어진다. 부하 직원들이 내 뒷얘기를 하는 데 익숙해진다.
65살	자식들 시집, 장가보내고 좀 쉬려고 하니 건강에 중대한 문제가 있단다.

"남자로 태어난 것이 죄죠. 남자로 살면 고생만 해요."

40대 직장인의 푸념이다. 남자의 고통은 말할 것도 없지만, 그 남자를 지켜보는 여자의 고통은 어떠할까. 시대는 변했다. 누구에게도 기대지 않고 강한 남자가 되기를 꿈꾸는 것은 한낱 상상력이다. 남자의 뒤에는 언제나 소중한 가족과 나의 아내, 나의 자식이 있다. 스스로 강한 존재가 되기를 원한다면, 나를 믿어 주는 이들과 적극적으로 소통하고 발전하자. 주체적인 사고를 지니는 것은 나의 행동으로부터 시작된다. 나의 자식은 어떻게 자랄 것인가. 살아온 날보다 살아갈 날이 아직 조금 더 많은 나의 인생은 또 어떻게 흘러갈 것인가.

지치지 않고 달려온 당신의 삶을 응원한다. 손발이 움츠러드는 형식적인 위로는 하지 않겠다. 당신도 나처럼 한국에 태어난 남자기 때문이다. 과거의 가치가 나의 발목을 잡을 것이다. 도태된 이들은 나에게 손가락질할 것이다. 세상은 적당히 힘들고 앞으로 더 암담해질 것이다. 그래도 담담하게 세상으로 걸어가자.
　우리 모두 부디, 살아가자.

> 에필로그

아들을 위한, 그리고 아버지를 위한 책

도자기가 만들어지는 과정을 알고 있는가? 무수한 돌가루와 점토가 장인의 손끝에서 버무려진다. 1,200도쯤 되는 불가마 속에서 구워지며 인내의 시간을 갖는다.

그렇게 완성되는 것이 아니다. 점토로 빚은 그릇을 만든 다음에는 유약을 발라 다시 한번 불가마 속으로 들어가야 한다. 그 열기를 참지 못해 일그러진 조각이 태반이다. 그리고 그중의 몇 점만이 명품이라는 이름으로 세상 밖에 나온다.

황혼의 끝자락에서 돌아본 남자의 인생은 초라하기 그지없다. 내 모든 것을 태워서 나의 가정을 지키고 나의 행복은 먼 뒤안길로 사라진 채 죽음을 맞이한다. 도예와 남자의 일생은 많이 닮았다.

죽도록 고생하고 노력해 다시 불가마에 들어가는 것이 딱 알맞은 비유다. 그러나 한 가지 차이점이 있다면, 명품이라는 감투를 쓰기 전에 남자의 일생이 끝난다는 점이다.

영화도 음악도 이렇다 할 취미도 없는 일생을 보냈다. 이 글은 지금의 시대를 살아가고 있는 아버지, 혹은 아버지가 될 이들의 기록이다. 보고 경험한 인생의 한 축에는 그들의 아버지의 초상과 사회가 강요한 남성성이 전부일 것이다.

그러니 변한 시대에 아버지와 예비 아버지를 환영해 줄 사람은 없다. 더 이상 과거의 위엄 있는 아버지는 없고, 지친 마음을 토로할 사람도 없다. 나의 상처는 모든 이들의 상처가 되었기 때문에 하염없는 푸념만 하는 겨울날이다.

말하자면 이 책은 반평생 모아 둔 나의 푸념의 집합체이다. 나의 푸념이 누군가에게 상처가 될 수도 있는, 고개를 갸웃거리게 하는 논란이 될 수도 있으리라. 그러나 용기 내서 적어 간 몇 장의 문장이 당신의 삶에 위로가 되길 바라는 마음으로 한 자 한 자 곱씹으며 적었다.

나의 푸념 모음집이 당신에게 명약이 되어 주기를 바라는 것이 아니다. 당신은 이미 한국에서 태어나 남자로서 살아가고 있는 것이 명쾌한 이유다. 명약은 잠깐 우리의 삶을 구원할 수 있지만, 다시 돌아가야 하는 불가마의 온도를 낮춰 줄 수는 없을 것이 분명하니까.

이를테면 나의 문장이 남자들에게 명약보다는 유약이 되어 주고 싶다. 뜨거운 가마에 들어가 함께 인고의 시간을 견디는 도자기 겉면에 얇게 묻어 있는 유약. 우리는 명품이 되지 않아도 좋다. 그 시간을 함께 견디는 것만으로 당신과 나의 인생은 충분히 보람찰 것이다.

긴 글을 읽어 준 당신과 내 아버지, 나와 같은 고민을 하게 될 나의 아들에게, 그리고 가족에게 감사함을 전한다.